コ

# 山形

蔵王 米沢

鶴岡 酒田

最上峡芭蕉ライン観光舟下り
(P60)

蔵王の御釜(P39)

# 絶景×グルメ×レトロ×名湯
# 楽しみ盛りだくさんの山形へ

白川湖の水没林(P76)

蔵王樹氷まつり(P98)

ハタケスタイル エスパル山形店
(P25)の生フルーツスパークリング

Al-ché-cciano Con cert(P28)のディナーコース

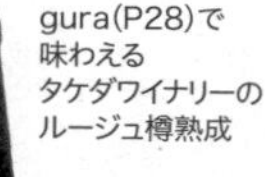

gura(P28)で
味わえる
タケダワイナリーの
ルージュ樽熟成

# ご当地グルメ

サクランボ、米沢牛、そば、ワイン、芋煮 etc.
美味あふれるグルメ旅

oh! show!
cafe(P62)
の季節の
フルーツパフェ

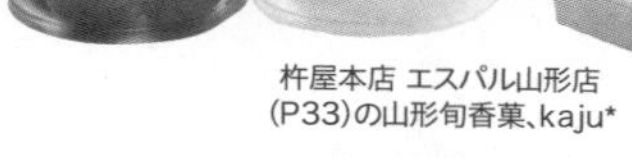

杵屋本店 エスパル山形店
(P33)の山形旬香菓、kaju*

吉亭(P68)の特撰米沢牛すき焼き

あらきそば(P54)のうす毛利

安達農園(P58)

山居倉庫(P93)

山形市郷土館(P23)

山形県立博物館
教育資料館
(P23)

とんがりビル
(P20)

# レトロ×モダン

歴史ある建物がイマドキのショップやカフェに
ノスタルジックな街さんぽ

伊豆こけし
工房本店
(P51)

0035gather
(P31)

山形県郷土館「文翔館」(P22)

カトリック鶴岡教会天主堂(P83)

白布温泉／中屋別館
不動閣(P73)
銀山温泉(P50)

# 名湯・秘湯

温泉パラダイス・山形で
日常から離れて癒やしの時間を

かみのやま温泉／
日本の宿 古窯(P44)

姥湯温泉／
桝形屋(P72)

銀山温泉／
しろがね湯(P51)

湯野浜温泉／
游水亭 いさごや(P90)

SHONAI HOTEL
SUIDEN TERRASSE(P86)

かみのやま温泉／花明りの宿 月の池(P45)

## 山形ってどんなところ？

### 東北地方の日本海側にあり<br>エリアごとに異なる文化が魅力

山形観光の拠点として栄える県の中心地・山形タウンをはじめ、大正ロマンに浸れる銀山温泉、米沢牛の名店が点在する城下町・米沢、日本海に面した鶴岡・酒田など、エリアごとに異なる魅力に満ちています。いずれのエリアも歴史的建造物、絶景スポット、ご当地グルメにあふれ、楽しみが尽きません。

山寺の愛称で知られる宝珠山立石寺

## おすすめのシーズンはいつ？

### サクランボが旬の初夏<br>季節の祭りも見逃せません

全国生産量の7割を占めるサクランボの里・山形県では、6月中旬～7月上旬がサクランボ狩りのシーズン。県内のカフェ&ショップでは、サクランボを使ったスイーツに出合えます。そのほか、8月の山形花笠まつり（☞P46・98）など、祭りやイベントに合わせて旅の計画を立てるのもおすすめ。

サクランボ狩りシーズンの週末は渋滞が発生することも。余裕をもって出発を

# 山形へ旅する前に知っておきたいこと

名所やグルメ、おみやげはもちろん、アクセスも
しっかり予習しておけば、当日の行動がスムーズに。
山形観光のポイントをおさえて、充実したおでかけを。

## どうやって行く？

### 東京〜山形は新幹線で約２時間半 空港は東根と酒田に２カ所あります

山形タウンなど内陸エリアへは、山形新幹線に乗るとスムーズです。鶴岡・酒田へは、上越新幹線から新潟駅で羽越本線特急「いなほ」に乗り換えるのが一般的。山形県内には山形空港（東根市）と庄内空港（酒田市）があるので、目的地に合わせて利用しましょう。早朝から動き回るなら夜行バスの利用もOK。

2024年3月から運行開始した山形新幹線の新型車両、E8系「つばさ」

加茂水族館のある鶴岡や、酒田へは山形タウンから車で1時間30分〜2時間ほど

## 観光にどのくらいかかる？

### 1〜2エリアなら1泊2日 足をのばしてもう1泊

1〜2エリアを観光するなら1泊2日で回ることができます。距離のあるエリアへ足をのばすなら、2泊3日以上がおすすめ。特に内陸から鶴岡・酒田へ移動する場合は、時間にゆとりをもってでかけましょう。移動手段を車か公共交通機関にするかでも変わるので、プランニングは念入りに。

## 山形県内はどう回る？

### 市街地観光は徒歩、バス、自転車 県内を周遊するなら車がおすすめ

タウン観光なら循環バスやレンタサイクルを利用して、観光名所やご当地グルメを楽しみましょう。さまざまな地域をめぐるなら車がベター。駅から離れた観光地や果樹園などへの移動にも便利です。山形〜鶴岡・酒田は高速バスが運行しているので、移動手段を組み合わせながら効率のいい周遊を。

山形タウンを走る「ベニちゃんバス」

## 山形観光で訪れたいのは?

### レトロ建築やダイナミックな絶景で山形ならではの歴史・文化を体感

山形タウンには、山形県郷土館「文翔館」など明治・大正時代の歴史的建造物が点在。鶴岡や米沢などでも城下町の面影を感じることができます。山寺や蔵王、出羽三山など、神秘的な絶景スポットも必見。桜や紅葉、雪景色と季節の移ろいを楽しみながら観光できるのも、山形旅の魅力です。

大正時代に建てられた山形県郷土館「文翔館」

フルーツ王国・山形のスイーツは必食！

## ぜひ味わいたいグルメは?

### 芋煮やそば、ブランド肉、フルーツスイーツなど多彩

豊かな山海の幸に恵まれた山形県は、「美食・美酒県」ともよばれるご当地グルメの宝庫。山形県民に古くから愛される芋煮、米沢牛や山形牛などの上質な黒毛和牛、サクランボなど旬の果物を使ったスイーツなど、バラエティに富んでいます。鶴岡・酒田のイタリアン&フレンチも要チェック！

肉やサトイモなどを煮込んだ山形の郷土料理「芋煮」

## 山形のおすすめの温泉は?

### 銀山温泉など名湯・秘湯が多数！温泉王国・山形で湯めぐりも

県内の全市町村に温泉が湧いているという山形県では、湯めぐりも楽しみ。大正ロマンの風情漂う銀山温泉をはじめ、秘湯ファンが訪れる米沢八湯、人気のおこもり宿が集まるかみのやま温泉・天童温泉など、多彩な宿が点在しています。くつろぎの空間に身をゆだねて、極上の癒やし体験を。

川沿いに木造旅館が並ぶ銀山温泉は湯の町さんぽも楽しい

舟唄を聞きながら渓谷美を楽しめる最上川舟下り

## 山形らしい体験をするなら?

### 人気果樹園でフルーツ狩り！最上川舟下りもおすすめ

サクランボやブドウなど、フルーツ狩りをぜひ。果樹園で味わうとれたての果実の味は格別です。そのほか、蔵王エコーラインや鳥海ブルーラインなど山岳道路のドライブ、観光船から雄大な景色を眺められる最上川舟下りで、山形の自然を全身で体感するのもおすすめ。

## おみやげは何がいい?

### 定番のフルーツアイテムに地酒や工芸品もチェック

サクランボなどフルーツの加工品は山形みやげの定番。ゼリーや焼き菓子、ジャムなどさまざまな商品が揃っています。山形県はワインや日本酒もハイレベル。地酒選びも楽しみです。山形タウンの雑貨店に並ぶ工芸品や器など、日々の暮らしに取り入れたいアイテムも旅の記念にゲットしましょう。

山形らしいサクランボみやげを持ち帰り

ワイナリーで人気のワインをお買い物

# 山形・蔵王・米沢・鶴岡・酒田って こんなところ

エリアごとに異なる魅力をもつ山形県。今回は4エリアに分けてご紹介。広大な県内を効率よくめぐるため、ポイントを予習してでかけましょう。

## 観光でおさえておきたい 4つのエリア

山形の主なみどころは、レトロ建築が立ち並ぶ市街地と美しい自然が魅力の山形タウン・蔵王、幻想的な温泉街が広がる銀山温泉、上杉家ゆかりの史跡が残る米沢、城下町や港町の歴史的なスポットと海山の幸に恵まれた鶴岡・酒田。それぞれにグルメや絶景、名湯などの楽しみも充実。

## 街歩きには循環バスが便利 広域移動なら車がおすすめ

各エリアのタウン観光は徒歩、循環バスやレンタサイクルを活用すると便利。郊外のスポットや温泉、複数エリアを回るなら車利用がおすすめです。日本海沿いの鶴岡・酒田へは、時間にゆとりを持って移動するのがベター。

## 1泊2日プランなら 温泉宿で優雅に滞在も

銀山温泉をはじめ、かみのやま温泉、赤湯温泉、湯野浜温泉など、各エリアに魅力的な温泉地がある山形県。せっかくなら日帰りではなく、旅館に泊まって旅の疲れを癒やしてみては。1泊2日なら1～2エリアをじっくり観光するプランがベスト。

やまがたたうん・やまでら・ざおう

### 山形タウン・山寺・蔵王

・・・P18

明治・大正時代のレトロな建造物が多い山形タウンは、歴史とトレンドが共存し街歩きが楽しいエリア。絶景が見られる山寺や、自然豊かな蔵王も訪れたい。

山形県郷土館「文翔館」は山形タウンのシンボル

山寺の通称で知られる山形随一の名刹、宝珠山立石寺

よねざわ・たかはた

### 米沢・高畠

・・・P64

上杉家の城下町として栄えた米沢には、戦国武将ゆかりの史跡や名所が点在する。米沢牛を味わえる名店も多い。ブドウ栽培が盛んな高畠ではワイナリー見学が人気。

米沢城址内にある上杉神社など歴史あるスポットが満載

つるおか・さかた
## 鶴岡・酒田 4

・・・P78

庄内藩の城下町として由緒ある建築物が立ち並ぶ鶴岡と、港町としての面影を残す酒田。日本海と山々に囲まれているため、新鮮な野菜や魚介も味わえる。

鶴岡市立加茂水族館で、世界最大級のクラゲの展示に魅了

歴史ある建造物と、庄内に関する資料などを見られる致道博物館

秋田へ
鳥海山
秋田県
大曲へ
日本海
鳥海山
羽越本線
酒田
酒田みなとIC
344
108
日本海東北自動車道
最上川
酒田駅
酒田中央IC
酒田IC
奥羽本線
2 銀山温泉・天童・東根
庄内空港IC
345
13
おいしい庄内空港
陸羽西線
湯野浜温泉
鶴岡
47
最上峡
新庄駅
陸羽東線
鶴岡IC
鶴岡駅
羽黒山
新庄IC
山形自動車道
鳴子温泉へ
あつみ温泉
出羽三山
458
7
345
湯殿山IC
肘折温泉
347
月山
銀山温泉
4 鶴岡・酒田
湯殿山
112
東根
宮城県
月山IC
13
東根IC
おいしい山形空港
村上へ
天童IC
天童
天童駅
天童温泉
仙台へ
7
1 山形タウン・山寺・蔵王
山寺
左沢線
287
112
13
新潟県
山形中央IC
山形蔵王IC
山形タウン
山形駅
山形自動車道
348
蔵王
山形上山IC
かみのやま温泉
蔵王温泉
山形鉄道フラワー長井線
山形新幹線
蔵王（御釜）
村田JCTへ
米坂線
113
赤湯温泉
白石IC
南陽高畠IC
113
東北新幹線
高畠
米沢北IC
東北中央自動車道
399
東北自動車道
米沢
121
米沢駅
東北中央自動車道
国見IC
飯豊山
3 米沢・高畠
13
相馬へ
0 N 20km
米沢八湯
奥羽本線（山形新幹線）
福島飯坂IC
121
福島県
福島駅
西吾妻山
会津若松へ
郡山へ

ぎんざんおんせん・てんどう・ひがしね
## 銀山温泉・天童・東根 2

・・・P48

ノスタルジックな景色が広がる銀山温泉には、老舗宿のほかグルメスポットや足湯が充実。将棋の町として知られる天童も名宿揃いの温泉地。東根の果物狩りも楽しみ。

ガス灯や建物の意匠に大正ロマンが漂う銀山温泉

サクランボをはじめ果樹栽培が盛んな東根には観光果樹園が点在する

## 1日目

出発ー!

### 10:00 山形駅

山形駅に着いたら、荷物を預けて市街地へ。駅前から循環バスに乗車できます。

### 10:15 山形県郷土館「文翔館」

重厚感あふれる大正時代の建物。思わず目を奪われるポイントが満載(☞P22)。

細部まで美しい館内は見ごたえ十分。映画のロケ地などにも使われています。

### 11:15 七日町大通り

町屋風や蔵造りの建物、リノベーション施設など話題のスポットが点在(☞P20)。

センスが光るカフェや雑貨店などがあちこちに。立ち寄りが楽しいエリアです。

山形ならではの雑貨をおみやげに。かわいいアイテムに心が躍ります(☞P30)。

蔵でランチ♪

蔵をリノベーションした食事処など、癒やしの空間でランチタイム(☞P26)。

フルーツ王国・山形の人気スイーツ店をチェック。旬のおいしさを堪能(☞P24)。

### 16:00 霞城公園

スイーツをテイクアウトして霞城公園(☞P34)で休憩。山形市郷土館もあります(☞P23)。

### 18:00 駅前で夜ごはん

山形が誇るワインや日本酒とともに楽しむ絶品料理は格別です(☞P28)。

地酒で乾杯!

郷土料理と地酒が豊富な居酒屋で山形ナイトをさらに満喫。芋煮もいただきます。

おやすみ…

宿泊は山形駅の近くにあるホテルが便利。朝食付きプランもあります(☞P35)。

# 2泊3日でとっておきの山形の旅

レトロな街並み、絶景、絶品料理と極上の癒やし旅を楽しめる山形県。
山形タウンをくまなくめぐったら、情緒たっぷりの銀山温泉で憧れステイ。
そば、フルーツ、米沢牛と、山形グルメもたっぷり楽しみましょう。

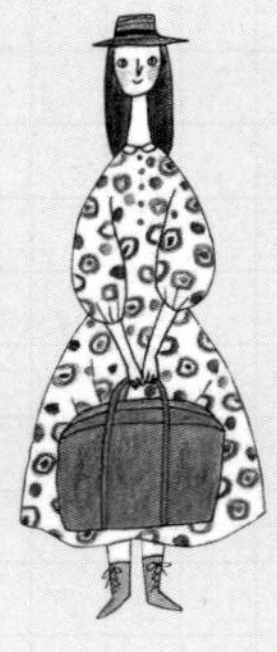

## 2日目

### 10:00 エスパル山形

多彩なショップが集まる駅ビルでおみやげ探し。ご当地の味を持ち帰り(☞P32)。

山形駅からレンタカーで天童・東根へ。天童には将棋の街ならではのスポットも。

### 11:30 フルーツ狩り

果樹園が集まる天童・東根エリア。旬の果物を好きなだけ味わって(☞折込裏)。

おいし〜い

カフェ併設の果樹園もあります。パフェなど、人気のフルーツスイーツにも注目！

食べましょ♪

### 13:00 そば街道

ランチは山形名物のそばがおすすめ。山形を代表するそば街道で存分に(☞P54)。

### 15:00 銀山温泉

木造旅館が立ち並ぶノスタルジックな温泉郷。夜はガス灯が灯り幻想的(☞P50)。

温泉街には足湯にカフェや和菓子店、こけし工房なども。宿に着いたらのんびり散策も。

おやすみ…

大正ロマンの雰囲気漂う旅館に宿泊。館内にはレトロなみどころもたくさん(☞P52)。

## 3日目

### 12:00 高畠ワイナリー

最終日は県南エリアを満喫。人気の観光ワイナリーで見学とお買い物(☞P74)。

### 14:00 米沢さんぽ

上杉家の城下町・米沢市では、上杉謙信を祀る上杉神社などを散策(☞P66)。

神社近くには着付け体験を楽しめるカフェも。旅の思い出におすすめ！

旅の締めくくり

### 17:00 米沢牛グルメ

米沢牛の名店で贅沢ごはん。焼肉やステーキなどで味わう極上肉に大満足(☞P68)。

せっかく遠くへ来たのですもの

## 4日目は蔵王や鶴岡・酒田がおすすめです

### 名湯&絶景を満喫！ 蔵王へドライブ

日本有数の強酸性硫黄泉で知られる蔵王温泉。ロープウェイや蔵王エコーラインなど、大自然を感じられるスポットも豊富です(☞P38)。

### 食の楽しみも尽きない 海に面した鶴岡・酒田

日本海と雄大な山々が囲む鶴岡・酒田エリアは食の宝庫。歴史ロマンあふれるスポット、加茂水族館、出羽三山などみどころも多数(☞P77)。

ココミル
cocomiru

# 山形
# 蔵王 米沢 鶴岡 酒田

Contents



●表紙写真
Al-ché-cciano Con cert (P28)、山形チェリーランド(折込裏)、ミニ花笠 (P46)、鶴岡市立加茂水族館 (P80)、oh! show! cafe (P62) の季節のフルーツパフェ、銀山温泉(P50)、SHONAI HOTEL SUIDEN TERRASSE (P86)、御釜(P39)、致道博物館(P82)

〈マーク〉

- 観光みどころ・寺社
- プレイスポット
- レストラン・食事処
- カフェ・甘味処
- 居酒屋・BAR
- みやげ店・ショップ
- 宿泊施設
- 温泉・立ち寄り湯

〈DATAマーク〉

- ☎ 電話番号
- 住 住所
- ¥ 料金
- 開館・営業時間
- 休 休み
- 交 交通
- P 駐車場
- 室 室数
- MAP 地図位置

フォトジェニックな洋館があちこちに

気品ある装飾にうっとり

旬の味覚をスイーツでいただきます♪

ディナーは地元食材をイタリアンで

レトロな水路沿いをぶらり

おみやげは山形のフルーツ製品で決まり！

山寺の石段の先に広がる絶景に感動！

蔵王の名湯に浸かってリフレッシュ

# クラシックとモダンが交差する魅力あふれる山形タウンへ

城下町の名残があり、史跡が点在する街角にはおしゃれなショップやカフェも続々とオープンしています。山形牛やフルーツ、日本酒やワインなど美食・美酒も充実。山寺や蔵王を訪ねれば、心を洗う絶景に出合えます。

カフェでのんびりとしたひとときを

暮らしになじむ工芸品がたくさん

これしよう！

### 多彩なスポットが集合！七日町をおさんぽ

山形県のシンボル・山形県郷土館「文翔館」や、レトロな建物をリノベーションしたスポットなど話題の施設が点在。

▲山形ならではの高品質なワイン＆日本酒で山形ナイトをより楽しく

これしよう！

### お気に入りをゲット！おいしいおみやげ

サクランボの銘菓、加工品をはじめ、郷土の味覚が豊富に揃う山形タウン。名産グルメを持ち帰り！

これしよう！

### 旬の果物を使ったスイーツでひと休み

フルーツ王国・山形では旬の果物は要チェック。名産のサクランボなどを贅沢に使ったスイーツで至福の時間を。

新旧のスポットが融合する県の中心地

# 山形タウン・山寺・蔵王

やまがたたうん・やまでら・ざおう

こんなところ

山形城を中心に発展した山形市には、町家風の建物や蔵、明治・大正時代に建てられたレトロな建造物が多く残る。城下町の面影を残しながら、トレンドを取り入れたショップも続々と誕生し、新旧のスポットを楽しめるのも魅力。近郊には蔵王温泉やかみのやま温泉、山寺など、名湯や自然を満喫できる人気観光地もある。

access

東京駅から山形駅へは山形新幹線つばさで2時間22～57分。

問合せ
☎023-641-1212
山形市観光戦略課
☎023-647-2266
山形市観光案内センター
MAP P100･101、折込表

~山形タウン・山寺・蔵王 はやわかりMAP~
山形タウン・山寺・蔵王
観光のヒント
山形市中心部の移動はベニちゃんバスで
山形駅前を起点に、市内中心部を4色の「ベニちゃんバス」が走っている。15分間隔の運行で、1乗車100円。交通系ICカードでも決済できる。
1 山形県郷土館「文翔館」(☞P22)
2 七日町さんぽ (☞P20)
3 Al-ché-cciano Con cert (☞P28)
4 ホテルメトロポリタン山形 (☞P35)
5 エスパル山形 (☞P32)
6 宝珠山立石寺(山寺) (☞P36)
天童駅へ
漆山駅
楯山駅
南出羽駅
羽前千歳駅
北山形駅
山形駅
蔵王駅
茂吉記念館前駅
かみのやま温泉駅
米沢駅へ
仙台駅へ
仙山線
山寺駅
高瀬駅
山形北IC
山形中央IC
山形蔵王IC
山形蔵王PA
山形上山IC
関沢IC
山形PA
山形自動車道
東北中央自動車道
奥羽本線(山形新幹線)
山形城跡
山形市役所
山形県庁
山形市
上山市
飯田温泉
黒沢温泉
ぐっと山形
道の駅やまがた蔵王
西蔵王高原ライン
蔵王ライン
蔵王温泉
蔵王スカイケーブル
五郎岳
蔵王中央ロープウェイ
蔵王ロープウェイ
かみのやま温泉
上山城
0 2km
かみのやま温泉
江戸時代に宿場町として栄え、人気宿が点在。湯の街さんぽも楽しめる。山形駅から電車で12分。
蔵王温泉
強酸性の硫黄泉が湧く温泉地。蔵王エコーラインのドライブもおすすめ。山形駅からバスで40分。
おすすめコースは
1泊2日
山形市中心部のみを観光するなら1日あればOK。宿泊してご当地の料理や銘酒も味わえば、山形の食の奥深さをさらに体感できる。翌日は山寺へ足をのばして、絶景に酔いしれてみては。
スタート
JR山形駅
▶バスで8分+徒歩2分
1 見学 山形県郷土館「文翔館」
▶徒歩すぐ
2 見学 七日町さんぽ
▶徒歩20分
3 食べる Al-ché-cciano Con cert
▶徒歩5分
4 泊まる ホテルメトロポリタン山形
▶徒歩すぐ
5 買う エスパル山形
▶電車で20分+徒歩6分
6 見学 宝珠山立石寺(山寺)
▶徒歩6分
JR山寺駅
ゴール

# たくさん歩きたくなるストリート レトロモダンな七日町大通りを散策

七日町大通り周辺には、モダンな建物やカフェや雑貨店などが点在。
山形の歴史や文化を感じながら、街歩きを楽しみましょう。

1 大きなシャンデリアや、天井に施された漆喰彫刻など豪華な装飾を至るところに見ることができる正庁 2 100年以上にわたり時を刻む時計塔。文字盤の直径は約1mで、4面に配されている 3 天井の彫刻には紅花やサクランボなど山形らしいモチーフも 4 テナントは1階から4階まで。1軒ずつゆっくりめぐってみよう 5 ボタプリン480円はボタコーヒー入りのほろ苦いカラメルが特徴

1 2 3

旅篭町

やまがたけんきょうどかん「ぶんしょうかん」

## 山形県郷土館「文翔館」

### 豪華で美しい大正浪漫を感じる

大正5年（1916）に建てられたレンガ造り3階建て、英国近世復興様式の建物。壁面は石貼りで覆われ、中世ヨーロッパの古城を思わせる趣だ。階段の手すりの装飾や窓のステンドグラス、カーテンやじゅうたんなどの調度品まで、随所に意匠を凝らした贅沢な館内を見学することができる。

DATA☞P22

▶徒歩7分

4

七日町

とんがりびる

## とんがりビル

### 山形の魅力を発信する新拠点

雑貨店やカフェ、ギャラリースペースなど、ビルのテナントの中に山形の多彩なクリエイターが集う。各店をめぐれば、個性豊かな山形カルチャーの「今」を知ることができる。

☎023-679-5433（マルアール）住山形市七日町2-7-23 時休店舗により異なる 交バス停七日町から徒歩4分 Pなし MAP折込表C2

▶徒歩3分

5

七日町

ぼた こーひー

## BOTA coffee

### 深煎りコーヒーを味わう

かつて傘店だった店舗をリノベーションしたカフェ。傘からつたう雨音「ボタ」が店名の由来だ。深煎りオリジナルブレンドのボタコーヒー580円はキリッと苦みの深い味わい。

☎023-609-9121 住山形市七日町2-7-18 時12～18時 休火曜 交バス停七日町から徒歩3分 Pなし MAP折込表C2

### SL展示で話題の第二公園

山形まるごと館 紅の蔵から徒歩5分ほどの場所にある「第二公園」には、映画『鬼滅の刃 無限列車編』に出てくる蒸気機関車のモデルと同系のSLが展示。ライトアップも行われている。
☎023-641-1212(山形市公園緑地課)
MAP折込表B3

山形市総務部広報課提供

6 水路沿いの歩道には、店舗で購入したジュースやスイーツなどを楽しめるテーブルとイスもある 7 道にライトが照らされた日没後も散策におすすめ 8 プリン420円～は季節限定品を含めて3種類。一番人気は2つの洋酒を使ったほろにがプリン 9 季節の素材を使ったふわふわな生ブッセ260円～ 10 白い壁が風格のある蔵。観光案内所も併設している

6 7

七日町

みずのまちやなのかまちごてんぜき

▶徒歩2分

## 水の町屋七日町御殿堰

### 町家風の建物と蔵が立ち並ぶ

約400年前に生活用水や農業用水の確保のために造られた水路の一つ「御殿堰」を改修・修復。町屋風の建物にはそば処やカフェ、米沢織の和雑貨ショップなどが軒を連ねる。

☎023-623-0466 住山形市七日町2-7-6 ⏰休各店舗により異なる 交バス停七日町から徒歩2分 P契約駐車場利用 MAP折込表C2

8 9

七日町

ぷりんとぶっせのみせ あうる

▶徒歩2分

## プリンとブッセの店 あうる

### ブッセ&洋酒が香るプリン

安心、安全をモットーに上質な素材を使い、できるだけ添加物を使わないなど、心にも体にもうれしい菓子を作る。季節のフルーツなど、ふわりと感じる素材の香りに心がほっとするスイーツが並ぶ。

☎023-676-7767 住山形市七日町3-2-33 ⏰10～18時 休月・日曜 交バス停七日町から徒歩3分 Pなし MAP折込表C2

10

十日町

やまがたまるごとかん べにのくら

▶徒歩13分

## 山形まるごと館 紅の蔵

### 蔵造りの観光物産施設

江戸時代は紅花商人として栄えた蔵屋敷を利用した施設。地産地消がテーマの飲食店、直売所、おみやげ処があり、みやげ処では1回100円の地酒試飲機で飲み比べもできる。

☎023-679-5101 住山形市十日町2-1-8 ⏰観光案内所10～18時(施設により異なる) 休観光案内所は無休(施設により異なる) 交バス停十日町紅の蔵前からすぐ P50台 MAP折込表B3

「プリンとブッセの店 あうる」のスイーツは「BOTA coffee」に持ち込むことができます。詳しくはお店に聞いてみて。

# 絵になるたたずまいにうっとり…山形タウンでレトロ建築めぐり

山形市内には明治時代に建てられたレトロな洋風建築が数多く残っています。
国指定重要文化財の貴重な建物をめぐって、タイムスリップ散策を楽しみましょう。

▲昭和59年(1984)に国の重要文化財に指定された

みどころをCHECK!

▲映画『るろうに剣心 京都大火編／伝説の最期編』のロケ地にも使われた知事室

▲赤と黄の市松模様が目を引く正庁のバルコニー。まっすぐにのびる七日町大通りを目の前に望むことができる

やまがたけんきょうどかん「ぶんしょうかん」

## 山形県郷土館「文翔館」

### クラシカルで重厚感のある山形県のシンボル

大正5年（1916）築の旧県庁舎と旧県会議事堂。昭和61年（1986）から10年かけて復原工事が行われた。館内には天井や壁面の細やかな装飾、上質な調度品などため息の出るようなインテリアが並ぶ。資料に基づき復原したものだけではなく、往時のものを修繕した貴重な展示も多い。かまぼこ型のヴォールト天井や床のリノリウムを復原した議場ホールも美しい空間が広がっている。レトロな内装を楽しみながらくつろげる喫茶室も併設している。

☎023-635-5500 住山形市旅篭町3-4-51 ¥入館無料 ⏲9時～16時30分 休第1・3月曜（祝日・休日の場合は翌日） 交バス停山形市役所前から徒歩2分 P40台 MAP折込表C1

1

2

3

4

1 中央階段は赤じゅうたんの床と大理石の柱、アーチ型の壁で重厚感のある趣 2 皇族や国の高官などが来県した際に使用した貴賓室。ステンドグラス付き衝立など当時の調度品が一部残っている 3 旧県庁舎と議場ホールをつなぐ渡り廊下も雰囲気のある造り 4 知事室と同様、ロケ地として使われた中庭。イスに座りゆっくりと過ごそう

アートも食も、
山形カルチャーを
ここでチェック

昭和2年（1927）築の小学校校舎をリノベーションした「やまがたクリエイティブシティセンター Q1」は、ショップやギャラリーなどが揃う山形カルチャーの拠点。食事や買い物も楽しめる。
☎023-615-8099 MAP折込表B2

やまがたけんりつはくぶつかん きょういくしりょうかん

## 山形県立博物館 教育資料館

### かつての学び舎でノスタルジックな時間を

山形師範学校の校舎として明治34年（1901）に竣工された国指定重要文化財。現在は、江戸時代から現代までの山形県の教育の歩みを7つの展示室で紹介している。ラウンドアーチ形飾り窓など、意匠を凝らした建物の美しさが見事。

☎023-642-4397 住山形市緑町2-2-8 ¥入館150円 ⏲9時～16時30分 休月曜、祝日 交バス停北高前からすぐ P4台 MAP折込表D2

▲ルネサンス様式を基調とした木造桟瓦葺き二階建て

▶天井と床の斜め板張りにも注目

1 往時の息遣いを感じるジオラマ展示
2 貴賓室としても使用された音楽室

やまがたしきょうどかん

## 山形市郷土館

### ハイカラな擬洋風建築

建物は明治11年（1878）に「山形県公立病院済生館」として建てられた擬洋風建築で、国の重要文化財に指定されている。三層楼になっており、1層目と3層目は8角形、2層目は16角形の複雑な構造。カラフルなステンドグラスや螺旋階段、唐草模様の装飾など、和と洋の建築様式を合わせた内部の作りも見事。

☎023-644-0253 住山形市霞城町1-1霞城公園内 ¥入館無料 ⏲9時～16時30分 休無休 交JR山形駅から徒歩15分 P霞城公園駐車場利用 MAP折込表B2

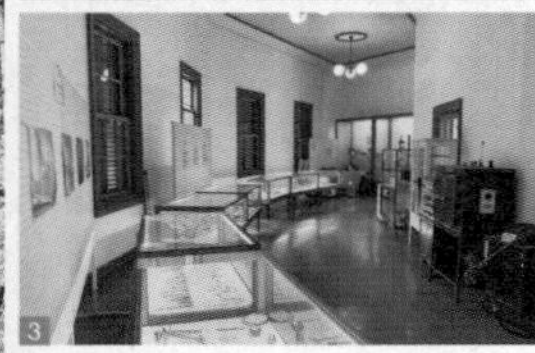

1 レンガ色で瓦や軒を統一した建物に青や緑を配したハイカラな外観。1階は往時では珍しい石敷きの吹き放しのベランダもある 2 14角形の回廊に囲まれた中庭。回廊には診療室などで使われていた8つの部屋があり、展示室になっている 3 見学できるのは1・2階のみ。江戸・明治時代の医学書や医療器具などを展示している

山形市街地には写真館や郵便局など、大正時代に建てられたモダンな建築物も数多く見ることができます。

# フルーツ王国を大満喫！ 旬のフルーツスイーツを召し上がれ

山形県はサクランボをはじめ、全国に誇る上質なフルーツの産地。
みずみずしい旬のフルーツを各店自慢のスイーツで堪能しましょう。

フルーツサンド
400円～
※サクランボは6月中旬～7月中旬予定

旬の果物を使ったフルーツサンド。サクランボは佐藤錦や紅秀峰など時期ごとに品種を変える

こちらもおすすめ

まるごと生しぼりジュース。グレープフルーツ400円、オレンジ350円

七日町

まちなかやおや ばい ぐりーんしょっぷ はらだ

## 街なかやおや by Greenshop HARADA

### 青果店が見極める完熟フルーツスイーツ

野菜ソムリエ上級プロがいる青果店で、フルーツのほか山形の伝統野菜などが店頭に並ぶ。フルーツサンド、ゴロゴロ果肉をトッピングしたフルーツソフト、フレッシュジュースなど、新鮮でジューシーな旬の味を満喫できる。

☎023-666-3955 住山形市七日町2-7-5 営10時～18時30分 休無休 交バス停七日町から徒歩2分 Pなし MAP折込表C2

店内はこだわりの青果物が並び、カウンター席のイートインスペースもある。テイクアウトもOK

季節のスムージー
550円～
（サクランボは864円、提供は6月中旬～7月下旬予定）

サクランボは時期によって品種が変わるので違いも楽しもう

こちらもおすすめ

ロールケーキを炙った、ぱりろーるブリュレ600円

山形駅周辺

ぜろぜろさんごー きよかわや

## 0035 KIYOKAWAYA

### “山形県ならでは”がつまったショップ＆カフェ

山形県35市町村の銘品・銘菓などを揃えるセレクトショップ。併設のカフェスペースでは、ボリュームたっぷりのフルーツサンドやブランド米・つや姫のスコーンなど、県内産食材を使ったスイーツを味わえる。

☎023-676-8111 住山形市双葉町1-2-38 営10～18時（カフェ17時LO）休無休（1月～冬期期間は火曜定休）交JR山形駅からすぐ P県民べにばな駐車場利用 MAP折込表A3

古くから愛される菓子や調味料、新商品など県内各地の特色あふれる商品が数百点揃う

**山形の朝は甘〜いパフェでスタート！**

2022年から4〜10月に開催されている「朝パフェやまがたキャンペーン」。山形県内の参加店で特製パフェが登場する。各店舗で朝パフェ特典もあるのでチェックしよう。☎023-630-3362（やまがた観光キャンペーン推進協議会）

こちらもおすすめ
tarte kimidori
600円

tarte kiiro
600円
芳醇な赤肉メロンがたっぷり。甘い果肉と相性のよい特製クリームを合わせている

幸町

こうしんどうにく さいわいちょうてん

## Koshindo2区 幸町店

**フルーツタルトと紅茶のペアリングを楽しんで**

タルトやマカロン、マフィンなどと、アメリカブランドの紅茶「スティーブンスミスティーメーカー」の茶葉を揃えるテイクアウト専門店。フルーツを楽しむなら、旬のフルーツたっぷりのタルトがおすすめ。相性のよい茶葉をスタッフに選んでもらおう。

☎023-616-7199 住山形市幸町6-14 ⏰10時30分〜19時30分 休月曜 交JR山形駅から徒歩4分 Pなし MAP折込表B3

老舗文具店だった店舗をリノベーション。壁にはさまざまなフレーバーの茶葉が並ぶ

こちらもおすすめ
生フルーツスパークリング
550円

季節のフルーツパフェ
980円
イチゴやブドウ、柑橘系などフルーツがぎっしり！ ソフトクリームはイチゴとミルク

山形駅直結

はたけすたいる えすぱるやまがたてん

## ハタケスタイル エスパル山形店

**果樹園が営むスイーツ店で色とりどりなフルーツを満喫**

果樹園直営で、新鮮な季節のフルーツを生搾りジュースやパフェで楽しめる。サクランボの季節には、さくらんぼソフトもメニューに並ぶ。ジューシーな果肉を薄くパリッとコーティングしたフルーツ飴も人気。

☎023-628-1226 住山形市香澄町1-1-1 エスパル山形2階 ⏰10時〜19時30分（土〜月曜は9時30分〜） 休エスパル山形に準ずる 交JR山形駅からすぐ Pなし MAP折込表B2

白を基調とした店構え。イートインスペースもある。使用するフルーツは時期により異なる

「ハタケスタイル エスパル山形店」の生フルーツスパークリングは無糖なので、シロップで甘さの調節ができます。

# 癒やしの空間で心もほっこり くつろぎのカフェ&レストラン

山形には街散策の途中に立ち寄りたい個性豊かなお店が勢揃い。
心が和む素敵な店内でこだわりのメニューをいただきましょう。

十日町

あかりくらおびはち

## 灯蔵オビハチ

### 蔵空間でヘルシーランチ

築120年超えの蔵をリノベーションした空間で、「体に優しい」がコンセプトの料理を提供。ランチ膳は地元野菜中心の小鉢料理が豊富に並ぶ。

☎023-626-2737 住山形市十日町3-1-43 ⏰11～18時、18時以降は要予約 休月曜(祝日の場合は営業、翌日休み) 交JR山形駅から徒歩12分 P9台 MAP折込表B3

▲店内のアンティーク調度品も趣がある

**本日のヘルシーランチ膳 ドリンク付き 1850円**
**※土日、祝日は2050円**

豆と雑穀のご飯と山形の旬野菜が並ぶヘルシー膳。この日は野菜たっぷり自家製ミートローフ。ランチは14時LO

**めご豚の赤ワイン煮 サラダ・スープ・パンorライス付き 1800円**

庄内平野で育った銘柄豚・めご豚を赤ワインで上品に。+450円で紅カヌレ付きにできる

十日町

かふぇあんどだいにんぐくっくれい

## Cafe&Dining990

### 地産地消がテーマのフレンチ

山形県産の肉や魚、自家栽培の野菜を使い、旬の味わいを大切にした日替わりのフランス郷土料理が好評。山形県花・紅花を生地に練りこんだ紅カヌレなど山形らしさを満喫できる。

☎023-679-5103 住山形市十日町2-1-8 ⏰11～15時、17時30分～21時、金・土曜、祝前日11～15時、17時30分～22時 休水曜、月1回火曜または木曜 交バス停十日町紅の蔵前からすぐ P50台 MAP折込表B3

◀大正ロマンを感じるクラシカルな店内

## 個性豊かなこだわりのクレープに舌鼓

こだわりの材料で毎日仕込む生地と、旬の果物を組み合わせた期間限定クレープを提供する「Parking CAFE」。2時間じっくり焼き上げた紅はるかを使う焼き芋アイスクレープ650円も人気。
☎023-664-3815 MAP折込表C2

東青田

きねやかりょう
## きねや菓寮

### 老舗菓子舗が営むカフェ・ショップ併設店

和栗のマロンペーストを目の前で絞ってくれる秋限定絞りたてモンブランや、自家製餡プレートどら焼き最中セットなど、おいしさと楽しさを体験できる。

☎023-622-4480 住山形市東青田4-1-40 ◷10～18時（物販は9時～）休月曜（祝日の場合は営業、翌日休み）交JR山形駅から車で15分 P15台 MAP P100B2

▶ソファ席のほか中庭に臨むカウンターもある

**生リップルパイプレート**
**1320円**
毎朝焼き上げるオランダ産発酵バターをたっぷり使ったパイでクルミ餡と生クリームをサンドし、ミルフィーユ状に仕上げる

**ゴーフル・スペシャル**
**1280円**
ベルギー直輸入のマシンで作るサクッと軽い食感のワッフル。フルーツは季節によって変わる

本町

あんどめるしぃ かふぇ
## AndMERCI CAFE

### 熟練の技術と厳選素材のスイーツ

北フランス出身のシェフが手がけるスイーツは、山形の旬の果物、北海道産の乳製品、フランス産のチョコレートなど厳選した素材の味が楽しめる。焼き菓子などのみやげ品も充実。

☎023-616-7323 住山形市本町1-5-19 やまがたクリエイティブシティセンター Q1内 ◷11～17時（16時30分LO）休月・火曜 交バス停本町・Q1から徒歩4分 P22台 MAP折込表B2

◀白い壁と木のインテリアでリラックスできる空間

「きねや菓寮」では、県内外から取り寄せたこだわりの陶器を使っており、ショップで購入することもできます。

# 美食とともにゆるりと味わう やまがたのワイン&地酒を愉しむ夜

ブドウや米の名産地でもある山形は、高品質なお酒も数多く揃います。
山形ナイトは、各店自慢の料理とこの地ならではのワイン&日本酒で乾杯！

山形駅周辺

あるけっちぁーの こん ちぇると

## Al-ché-cciano Con cert

### 山形食材×世界の塩・オイル×ワインのペアリング

山形県内35市町村の食材にこだわり、和食とイタリアンを融合させた新しい料理を提供する。世界各国18種類以上のオイルと12種類の塩を使い分け、庄内浜産の鮮魚のうま味と香りを楽しむオイル寿しが名物。

☎023-616-7040 住山形市双葉町1-2-38 やまぎん県民ホール雁木棟内 ⏰11時30分～15時（14時LO）、17～21時（20時LO） 休火曜 交JR山形駅からすぐ P県民べにばな駐車場利用 MAP折込表A3

▶ウッディファーム&ワイナリー／ソーヴィニヨン・ブラン
上山市のワイナリーが造る辛口白ワイン。自社畑で穫れたブドウのみで醸造

▲店名の「コンチェルト」から連想し、フロアはピアノの白鍵と黒鍵をイメージした配色

庄内浜産真ゾイのアクアパッツァや野菜のソースで食べるバーニャカウダ

ディナーはコースのみで、5000円～。オイル寿し6貫付きは8品8000円のコース。金目鯛にアプリコット、シマアジはオレンジのオイルで上品な香りをまとわせる

ディナーコースは5500円、7700円、2名～シェアする3800円の3種類。前日までに要予約

庄内豚や山形牛など肉料理と白ワインという意外なペアリングも提案（コースの一例）

庄内浜産の白身はプリプリとした食感（コースの一例）

旅篭町

ぐら

## gura

### 食材の風味を引き出す山形ならではのイタリアン

寒暖差の激しい山形で育まれたうま味たっぷりの野菜、山形産の上質な肉や魚を使い、食材の風味を生かした料理が特徴。ディナーは予約制コースのみ、ランチはセット1800円、プレート1200円もある。

☎023-665-5466 住山形市旅篭町2-1-41 ⏰11～14時（13時30分LO）、18～22時（21時30分LO） 休月曜、木曜の昼、日曜の夜 交JR山形駅から徒歩20分 P4台 MAP折込表C2

◀タケダワイナリー／ルージュ樽熟成
750mℓ 6000円
土づくりからこだわってブドウ栽培、ワイン醸造を行う上山市のワイナリーの辛口赤ワイン

▲蔵を改装した店内は石壁とアーチ型の白い天井が落ち着く風合い

日本一の
芋煮会
フェスティバル

例年9月に馬見ヶ崎川河川敷で開催される「日本一の芋煮会フェスティバル」。山形のご当地グルメ・芋煮を直径6.5mの大鍋と専用ショベルカーで調理するダイナミックな祭りだ。
☎023-622-0141（日本一の芋煮会事務局）
MAP折込表D2

山形駅周辺

やまがたながやさかば

## 山形長屋酒場

### 郷土料理や旬の味覚も。県全域の名物が集結

庄内・最上・置賜・村山の4地方の郷土料理や山海の幸、県内40以上の蔵の地酒を揃える。それぞれ味付けや具材が異なる4地方の芋煮を全種食べられるのも魅力。毎日20時ごろには花笠踊りも行われる。

☎023-633-9005 住山形市香澄町1-8-8 ⏰17～24時 休不定休 交JR山形駅からすぐ Pなし MAP折込表B2

芋煮鍋（小鍋）1760円。醤油、味噌、豚肉、牛肉など4種類の芋煮がある。写真は村山地方風で牛肉×醤油仕立て

▶秀鳳酒造場／秀鳳 純米大吟醸 出羽燦々33 1合1190円
精米歩合33%まで磨いた限定酒。上品なキレのよさとフルーティな香りを楽しめる

▲囲炉裏を囲むカウンター席や広々とした座敷がある古民家風の店内

柔らかくまろやかなうま味が評判のブランド牛・米沢牛の串ステーキ1980円。山形牛もある

山形駅直結

いのこや やまがただ

## いのこ家 山形田

### 山形の郷土料理を県内蔵元の地酒と一緒に堪能

庄内産の新鮮魚介や板そばなど県内各地方の名物料理を味わえる。30種類ほど常備する地酒1合580円～は、すべて県内の蔵元のもの。秋から冬のひやおろしをはじめ、季節限定の地酒も楽しみ。

☎023-647-0655 住山形市城南町1-1-1 霞城セントラル1階 ⏰17～22時LO（食材がなくなり次第終了）休無休 交JR山形駅直結 Pビル共有駐車場利用345台（有料）MAP折込表A2

◀男山酒造／赤烏帽子 純米大吟醸 1合1300円
芳醇さがありつつ、あと味はすっきり。料理と楽しむ食中酒としてもおすすめ

▲店内はサクランボ果樹園をイメージした温かみのあるデザイン

「gura」はディナータイムにアラカルトメニューをオーダーできる日を不定期で営業。お店のインスタグラムをチェック！

# センスがキラリ！ 日常に取り入れたい Made in 山形雑貨さがし

暮らしに根付いた粋な伝統工芸品や現代の発想を取り入れた新しいアイテムたち。旅のおみやげは、山形の職人たちが生み出すステキな雑貨がおすすめです。

**玉こんにゃく柄／さくらんぼ柄の箸**
**各4400円～**
山形市出身の漆芸作家・菊地那奈氏の作品。山形県のご当地食材をあしらった塗箸 A

**wasshoi てぬぐい／濃厚ラーメン 1980円**
ラーメン王国・山形らしいモチーフの手ぬぐい。山形市出身の染色作家・林谷美香氏作 A

**復刻古代お鷹ぽっぽ 小**
**4180円**
米沢市に伝わる伝統工芸・笹野一刀彫の「お鷹ぽっぽ」。繊細なカールが見事な木彫玩具 B

**カムロ窯 粉引 ぐい呑／盃**
**各3630円**
最上町の工房・カムロ窯が粉引と呼ばれる技法で作る。釉薬のかすれが特徴 A

**山Tシャツ 3300円**
山形出身の絵本作家・荒井良二氏によって描かれた「山」の文字がシンプルながら印象的 B

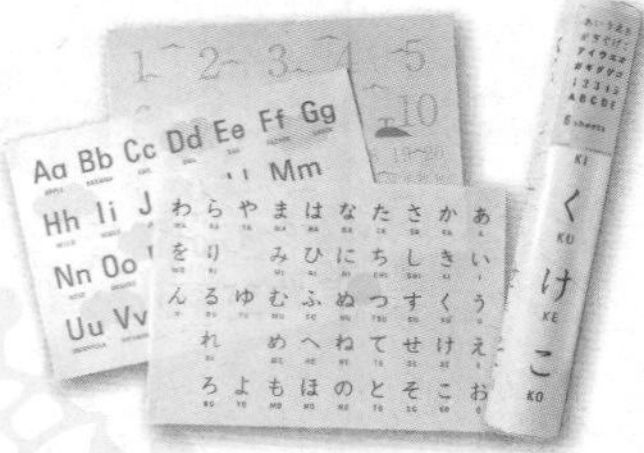


**あいうえお表**
**1100円（6枚組）**
オリジナルのA3サイズ学習アイテム。部屋のインテリアになじむデザイン B

るーつあんどてくにーく ざ りあるすとあ
## ROOTS&Technique the REAL store A

**暮らしを豊かに彩る工芸作品に出合う**

山形ゆかりの作家を中心に、陶磁器、木工、染織など幅広い作品を販売するクラフトショップ。手仕事の作品のため一点ものが多く、売り切れになることも多い。

▲皿、酒器、カトラリーなど日常で使う雑貨を揃えている

☎なし 住山形市本町1-5-19 やまがたクリエイティブシティセンターQ1 3階 🕒10～18時 休月～水曜 交バス停本町・Q1から徒歩4分 P22台 MAP折込表B2

写真提供：株式会社Q1

このやまみちをゆきしひとあり
## この山道を行きし人あり B

**暮らしに寄り添う選りすぐりの雑貨たち**

自然と人との関わり合いで生まれてきたさまざまな「モノ」を、山形・日本・世界各地からセレクトして紹介している。

▲日用雑貨のほかキュートなパッケージの食品もチェックしよう

☎023-666-8042 住山形市七日町2-7-23 とんがりビル2階 🕒12～17時 休不定休（公式サイトで要確認）交バス停七日町から徒歩4分 Pなし MAP折込表C2

**山形県各地の伝統工芸品が勢揃い！**

伝統工芸品のほか、ミニ花笠2420円や起き上がり人形440円などかわいらしい民芸品、新進気鋭の作家の作品など、県内各地の工芸品を幅広く揃える「尚美堂 エスパル山形店」。季節に応じた限定商品も販売している。
☎023-628-1232 MAP 折込表B2

**槙島ほうき**
**ミニストラップ3000円～ 大1万5000円**
軽く程よい硬さで30～50年使えるほど丈夫。使用後は見せる収納で C

**花笠小鉢**
**大（カエデ）5720円、小（サクラ）4950円**
花笠音頭で使われる笠の花がモチーフ。すべて山形県産材を使用 C

**米沢緞通・滝沢工房 べにばなブラシ 各3850円**
高密度な手織りじゅうたん・緞通（だんつう）の工房が作る小ぶりなブラシ。革製品や漆器、陶器を磨くのにおすすめ D

**ニットオカザキ ニットキャップ**
**4950円**
蒸れにくく通年かぶれるニットキャップ D

**MARUTA スタンドカラーブラウス**
**1万5400円**
前後の身ごろの裾の違いがアクセント。綿100%の使い勝手のよい白シャツ D

**月山和紙 名刺入れ**
**エンボス（型押し）有4400円、エンボス無3850円**
西川町の和紙職人シブヤナオコ氏による。和紙とは思えないほど張りと強度のある素材感 C

**ニットオカザキ コットンカーディガン**
**1万8700円**
シャリ感のあるサラサラとした肌触りで、着心地がよい D

ぜろぜろさんごーぎゃざー
## 0035gather C

### 伝統工芸の新たな試みも数多くセレクト

店内では彫る、織る、編む、染める、焼くをテーマに集めた県内作家の手工芸品と、山形県内の酒造とワイナリーの代表的な酒を販売している。

▲4～8銘柄の日本酒から2銘柄の試飲ができる(500円)

☎023-676-8111（0035 KIYOKAWAYA）住山形市双葉町1-2-38 ⏰10～18時 休無休※冬期休業あり 交JR山形駅からすぐ P県民べにばな駐車場利用 MAP 折込表A3

まるた
## MARUTA D

### 山形が誇る上質なアパレルアイテムが集結

バイヤーが県内のメーカーに足を運び、実際に触れて納得した商品のみを仕入れるファッションアイテムのセレクトショップ。

▲長く愛用できる質のよさにこだわるオリジナルアイテムもある

☎023-615-1262 住山形市香澄町3-2-1 山交ビル1階エムアイプラザ三越山形店 ⏰10～18時 休エムアイプラザ三越山形店に準ずる 交JR山形駅から徒歩5分 Pなし MAP 折込表B3

「ROOTS＆Technique the REAL store」のあるビルには、ほかにも魅力的なショップやカフェが入っています。

# サクランボ、米、酒…<br>おいしい山形みやげをお持ち帰り

生産量日本一を誇るサクランボを使ったお菓子はもちろん、
古くから愛されている老舗の味などは山形みやげに最適！

A 表蔵王
ぐっとやまがた
## ぐっと山形

**山形&東北のみやげものが買える**

広い店内に食品、お酒、工芸品などずらりと並ぶ。フードコートも併設。

☎023-688-5500 住山形市表蔵王68 ◷9時～17時30分（季節により変動あり）休無休（メンテナンス休業あり）交東北中央自動車道山形上山ICからすぐ P500台 MAP P100A3

B 山形駅直結
きょうどめいさんひん　やまがためいてん
## 郷土名産品 山形銘店

**駅近で県内名産品探しができる**

多彩な山形みやげが揃う。まとめ買いにも便利な定番アイテムが目白押し。

☎023-628-1219 住山形市香澄町1-1-1 エスパル山形2階 ◷10時～19時30分 休エスパル山形に準ずる 交JR山形駅直結 P契約駐車場利用 MAP 折込表B2

C 山形駅周辺
ぜろぜろさんごー きよかわや
## 0035 KIYOKAWAYA

**山形でしか手に入らない商品も**

山形県各地の定番から隠れた逸品まで揃う。ギフト探しにもおすすめ。

☎023-676-8111 住山形市双葉町1-2-38 やまぎん県民ホール1階 ◷10～18時（カフェは～17時LO）休無休※冬期定休あり 交JR山形駅からすぐ P県民べにばな駐車場利用 MAP 折込表A3

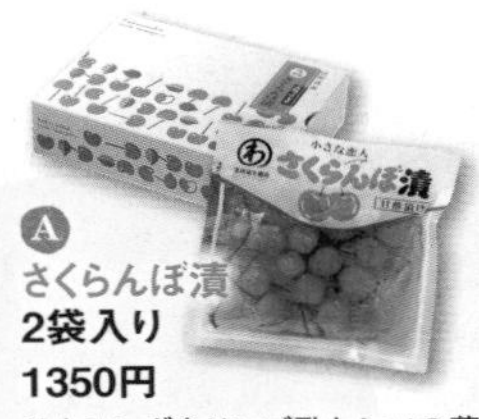


A
**さくらんぼ漬 2袋入り 1350円**
サクランボをリンゴ酢とシソの葉で漬けた甘酸っぱいフルーツ漬物

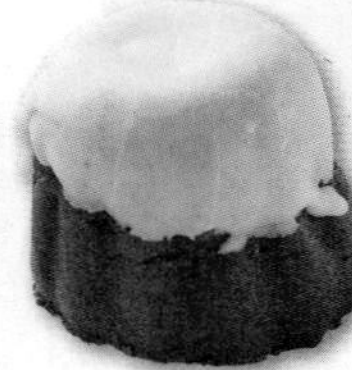

A
**カヌレ さくらんぼ グラッセ 398円**
サクランボピューレで覆った焼菓子。冷凍で販売しているので、解凍して食べよう

C
**ほわいと ぱりろーる さくらんぼ 1本1980円**
県産サクランボの果肉が入ったクリームがたっぷり

B
**山形さくらんぼ たまごボーロ 540円**
ひとつひとつにサクランボが描かれたキュートなたまごボーロ

**サクランボアイテム**
山形みやげで絶対はずせないのはサクランボ！ スイーツやジャム、カレーなど、多彩な商品が揃っています

C
**山形さくらんぼ マドレーヌ 5個入り998円**
サクランボ果汁入りのしっとり生地の上に、サクランボチョコでコーティング

C
**山形フルーツジャム さくらんぼ 650円**
ゴロっとした果肉入りで上品な甘さのジャム。ラ・フランス、山ぶどうなどもある

A
**さくらんぼカレー 864円**
サクランボ果肉入りのピンク色のレトルトカレー。まろやかな味わい

D
**雪まろ 162円**
県産サクランボ「佐藤錦」のクリームが入ったふわふわのマシュマロ

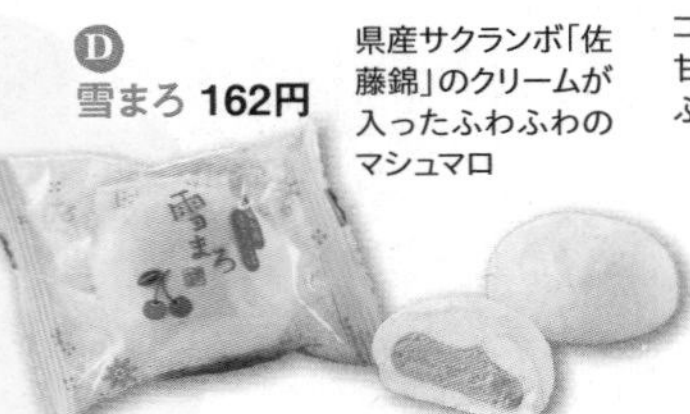

E
**さくらんぼの酒 370円**
生のサクランボを漬け込んだ、酸味と甘みが絶妙なバランスのリキュール

**珍しい銘酒に出合えるチャンスも**

エスパル山形にある「ふるさと銘酒館 ひのきの里」では山形の地酒やワインが豊富に揃う。「出羽桜 一路」（写真）720㎖3520円のような定番人気酒から山形限定酒、季節限定酒まであり、希少な銘柄にも出合えることも。毎日変わる地酒4種の量り売りもおすすめ。
☎023-628-1215 MAP折込表B2

**A**
**山形代表 各214円**
県産フルーツのみを使用した果汁100%ジュース。時期によっては売り切れていることもある

**山形の味**
山形産のフルーツやお米、老舗の定番商品など、山形が誇るグルメをおみやげとして持ち帰ろう

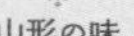

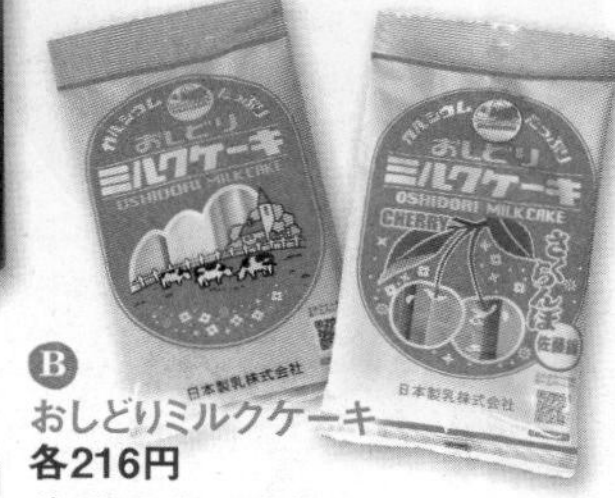


**B**
**おしどりミルクケーキ 各216円**
ポリポリと食べる板状のミルク菓子。サクランボやラ・フランスなどフレーバーも多彩

**D**
**kaju* 972円**
サクランボ、ラ・フランスなど山形産の果実をテーマにした琥珀糖

**D**
**山形旬香菓 10個入り4990円**
県産サクランボ、ラ・フランス、白桃の果肉がたっぷり。なめらかな口当たりのゼリー

**E**
**やまんばシリーズ**
**ぴりり、はぁはぁ各389円**
**ドッカーン556円**
蔵王唐辛子を使用した一味唐辛子。辛さレベルが異なり、ドッカーンはかけすぎ注意の激辛

**E**
**つや姫玄米茶 506円**
山形生まれの米「つや姫」を使った香ばしい玄米茶。ティーバッグで気軽に淹れられる

**F**
**空ノムコウ 1本1296円**
気泡が入ったガラスのような美しい寒天菓子。サイズは4㎝×16㎝

## D 山形駅直結
きねやほんてん えすぱるやまがたてん
## 杵屋本店 エスパル山形店
**創業200年を超える老舗菓子舗**

50年以上愛され続けているリップルパイなど定番人気菓子が多数。

☎023-628-1214 住山形市香澄町1-1-1 エスパル山形2階 ⏰10時～19時30分（土～月曜9時30分～）※変動あり 休エスパル山形に準ずる 交JR山形駅直結 P契約駐車場利用 MAP折込表B2

## E 十日町
おみやげどころ あがらっしゃい
## おみやげ処 あがらっしゃい
**選りすぐりの山形みやげを**

県内の地酒や伝統工芸品など広く紹介。地酒の試飲機で飲み比べもできる。

☎023-679-5104 住山形市十日町2-1-8 山形まるごと館紅の蔵内 ⏰10～18時 休無休 交バス停十日町紅の蔵前からすぐ P50台 MAP折込表B3

## F 十日町
のしうめほんぽ さとうや ほんてん
## 乃し梅本舗 佐藤屋 本店
**定番もネオ和菓子も注目**

創業200年を超える老舗ながら、和菓子をアレンジした新感覚の菓子も作る。

☎023-622-3108 住山形市十日町3-10-36 ⏰9～18時 休無休 交JR山形駅から徒歩15分 P12台 MAP折込表B3

**F**
**乃し梅 5枚入り756円**
明治時代から続く伝統銘菓で原料は完熟梅と寒天、砂糖と水飴のみ。酸味が心地よい

「ぐっと山形」は、「道の駅やまがた蔵王」や農産物直売所「食の駅 山形蔵王店」と隣接しています。

ココにも行きたい

# 山形タウンのおすすめスポット

## 霞城公園（かじょうこうえん）

**山形の礎を築いた最上義光の居城跡**

山形城11代城主・最上義光が整備、拡大を行った城跡。現在は都市公園で、春には約1500本の桜の花が咲く。園内には国の重要文化財「旧済生館本館」を移築した山形市郷土館（☞P23）もある。DATA☎023-641-1212（山形市役所公園緑地課）住山形市霞城町1-7 ¥入園無料 ⏰5～22時（11～3月は5時30分～）休無休 交JR山形駅から徒歩10分 P230台 MAP折込表B1

## 山形美術館（やまがたびじゅつかん）

**国内外のコレクションを常設展示**

日本美術をはじめ、フランス近代美術、郷土作家の作品などを収蔵、展示。与謝蕪村の『奥の細道図屏風』や印象派を中心とした吉野石膏コレクションなど、幅広い作品を鑑賞できる。DATA☎023-622-3090 住山形市大手町1-63 ¥常設展800円（展覧会により異なる）⏰10～17時 休月曜、ほか臨時休館あり 交JR山形駅から徒歩15分 P美術館北側無料駐車場利用 MAP折込表B2

## 洗心庵（せんしんあん）

**名匠が手がけた庭園を散策できる**

山形県の庭園文化学習施設。名匠・岩城亘太郎作で、30種1000本の木々を用いた池泉回遊式庭園。詳細は公式サイトを要確認。DATA ☎023-664-2800 住山形市緑町1-4-28 ¥入場無料 ⏰9～19時（夜間利用のある場合は～21時。冬期は～17時）休月曜、第3日曜 交JR山形駅から山交バス沼の辺行きで13分、北高前下車、徒歩3分 P8台 MAP折込表C2

## お食事処べにばな亭（おしょくじどころべにばなてい）

**山形の名物料理を気軽に堪能**

山形駅直結のビルにある食事処。名物のいも煮は、単品や紅花を練り込んだ店オリジナルのそばとのセットでも味わえる。写真はいも煮膳1500円。いも煮はテイクアウトも可能。DATA☎023-625-8007 住山形市香澄町1-16-34 山形駅東口交通センター2階 ⏰12～21時LO 休水曜 交JR山形駅直結 P山形駅東口交通センター駐車場利用 MAP折込表B2

## 続おそばに（ぞくおそばに）

**人気のそばを地酒とともに**

最上早生、でわかおりなどの県産そば粉を使ったそば処。冷たい肉そば750円（夜は小鉢付き990円）、ミニ牛丼やゲソ天などが付いたよくばりセット（ランチ限定）がおすすめ。山形地酒も揃える。DATA☎023-633-3451 住山形市幸町5-20 ⏰11時30分～13時30分、18時～20時30分LO（売切れ次第終了）休日曜、祝日 交JR山形駅から徒歩2分 P3台 MAP折込表B3

## 焼肉 名匠 山牛 山形店（やきにく めいしょう やまぎゅう やまがたてん）

**深い味わいの山形牛が評判**

一頭買いならではの希少な部位を味わえる。その日のおすすめ部位を2種類盛り合わせた山形牛特選日替わり定食2800円（写真）や山形牛ユッケ丼定食1680円など多彩。地元菓子店とのコラボデザートも人気。DATA☎023-666-6129 住山形市旅篭町1-8-15 ⏰11時30分～14時30分、17時30分～21時30分 休火曜 交JR山形駅から徒歩13分 P4台 MAP折込表B2

## 金長本店（きんちょうほんてん）

**山形名物！氷入りラーメン**

山形のご当地ラーメン・冷しラーメン900円が人気。キンキンに冷えたあっさりスープに、モチモチの縮れ細麺が入る。白キクラゲと大きめのチャーシュー、キュウリがのってボリューム満点！DATA☎023-623-0717 住山形市十日町2-3-40 ⏰11時30分～15時LO 休日曜 交バス停十日町紅の蔵前から徒歩3分 P7台 MAP折込表C3

## 山形一寸亭（やまがたちょっとてい）

**うま味たっぷりの冷たい肉そば**

看板メニューは、山形名物の肉そば。蔵王山系の伏流水で打ったコシの強いそばは、親鶏でだしをとったコクのあるツユによく合う。冷もしくは温を選ぶことができ、写真は冷たい肉そば800円。DATA☎023-631-2910 住山形市薬師町2-17-2 ⏰10時～14時30分、17時～18時40分 休水曜 交JR山形駅から車で5分 P30台 MAP折込表C1

## けやき庵（けやきあん）

**香り豊かな石臼挽きそば**

古民家をリノベーションしたそば処。地元産のそば粉「でわかおり」を使い、そば本来の香りとしっかりとしたコシを楽しめると評判。おすすめは、石臼挽き自家製十一蕎麦980円や蕎麦プリン300円。DATA☎023-665-1610 住山形市下反田45 ⏰11時30分～14時30分 休月・火・金曜 交JR山形駅から車で15分 P11台 MAP P100A1

## とあるかふぇ toaru Cafe

**くつろぎのナチュラル系カフェ**

店に入ると、大きなベアのぬいぐるみがお出迎え。ドライフラワーが飾られた店内は、やわらかな照明で居心地のいい空間。ソーダ2カラー450円のほか、缶パフェやクロッフルバーなどを味わえる。DATA☎なし 住山形市木の実町10-36 ⏰11～17時(16時30分LO) 休不定休 交JR山形駅から徒歩10分 P2台 MAP折込表B2

## えいぎょくどうかふぇ ぐらてん eigyokudo Cafe gura店

**老舗和菓子店直営のカフェ**

江戸時代末期から続く和菓子店「榮玉堂」が手がけるカフェ。3種のチーズをブレンドしたチーズテリーヌなど、洋菓子を中心に販売。シックな店内で、塩×チーズテリーヌ930円（ドリンク付き）などを楽しもう。DATA☎023-664-2378 住山形市旅篭町2-1-41 ⏰9～18時 休月・火曜 交バス停市役所南口からすぐ P4台 MAP折込表C2

## かふぇれすとらん ぐらんろっく カフェレストラン グランロック

**果物たっぷりのスイーツでひと休み**

県産食材をふんだんに使った料理で、地元の人々に親しまれる人気店。スイーツはケーキやクレープ、パイなど多彩。なかでも人気の季節のパフェ1080円～は、サクランボやイチゴ、メロンなど季節の果物を楽しめる。DATA☎023-631-4169 住山形市芳野27 ⏰11～20時LO 休無休 交山形自動車道山形北ICから車で3分 P24台 MAP P100B1

## ならげしゅく たんのこんにゃく えすぱるやまがたてん 楢下宿 丹野こんにゃく エスパル山形店

**こんにゃく専門店のテイクアウトグルメ**

醤油のいい香りが広がるこんにゃく専門店。店頭で煮付けを行う玉こんにゃく1串120円は、上質なこんにゃくならではの歯切れのよさを楽しめる。みやげ品も販売。DATA☎023-628-1262 住山形市香澄町1-1-1エスパル山形2階 ⏰10時～19時30分 休エスパル山形に準ずる 交JR山形駅直結 P契約駐車場利用 MAP折込表B2

## なのかまちるるたす 七日町ルルタス

**地域密着型の商業施設**

水の町屋七日町御殿堰（☞P21）の向かいにある2階建ての商業施設。街なかやおや by Greenshop HARADA（☞P24）などさまざまなショップが入り、山形タウン散策の立ち寄りにおすすめ。DATA☎店舗により異なる 住山形市七日町2-7-5 ⏰休店舗により異なる 交バス停七日町から徒歩2分 P近隣の提携駐車場を利用 MAP折込表C2

## やまがたやたいむらほっとなるよこちょう 山形屋台村ほっとなる横丁

**バラエティ豊かな店が並ぶ屋台村**

山形市中心部の50mほどの通りに12軒の飲食店が軒を連ね、昭和の雰囲気を再現したレトロな雰囲気。山形のソウルフード・どんどん焼き、いも煮、山形牛など、名物料理と地酒を気軽に楽しめる。DATA☎店舗により異なる※公式サイトを要確認 住山形市七日町2-1-14 ⏰休店舗により異なる 交バス停七日町からすぐ Pなし MAP折込表C2

## 宿泊してゆっくり観光！ ホテル＆グランピング施設

山形駅に近いアクセスのいいホテルはもちろん、郊外のグランピング施設も要チェック！

### ほてるめとろぽりたんやまがた ホテルメトロポリタン山形

**山形駅直結で観光拠点に便利**

山形駅直結の好立地。上品なインテリアとこまやかなサービスが評判。客室はシングルやツインを中心に全224室。DATA☎023-628-1111（代表）住山形市香澄町1-1-1 ¥シングル1万5000円～、ツイン2万4000円～ ⏰IN15時／OUT11時 交山形駅直結 P600台（タイムズ山形駅ビル駐車場利用、500円）MAP折込表B3

### だいわろいねっとほてるやまがたえきまえ ダイワロイネットホテル山形駅前

**広々とした客室と充実の設備**

全室21㎡以上、バス・トイレ別のセパレートタイプ。ワイドデスクもある。1階レストラン「米沢牛 登起波」で味わえる朝食付きプランも好評。DATA☎023-627-7255 住山形市幸町2-9 ¥シングル6000円～、ツイン9500円～ ⏰IN14時／OUT11時 交JR山形駅から徒歩3分 P32台（1000円、予約不可）MAP折込表B3

### ぐらんふぉてぃあ グランフォティア

**大自然を独り占めして贅沢に**

1日1組限定で、山を貸し切りにして過ごせる贅沢なグランピング施設。非日常感たっぷりのかわいいテントに宿泊し、山形の大自然を満喫できる。有料でBBQも可能。DATA☎080-5590-2375 住山形市新山514-1 ¥1泊1組2万円～ ⏰IN14時／OUT10時 休12～3月 交JR山形駅から車で22分 P10台 MAP P100C2

ラーメン消費額日本一を祝して2023年に「ラーメンの聖地、山形市」を宣言した山形市。ラーメンの食べ歩きもいかが？

# 閑（しず）けさに心洗われる絶景の名刹・山寺へ

＋山形駅から電車で20分

平安時代初期から修験の地として多くの僧が訪れた山寺。参道からは眼下に広がる門前町など美しい眺めを楽しめます。

▲切り立った崖の上にある納経堂と開山堂。門前町を見下ろす眺望がすばらしい

ほうじゅさんりっしゃくじ（やまでら）

## 宝珠山立石寺（山寺）

拝観所要1時間30分

### 歴史ある霊山を登り幽玄な景色を見下ろす

貞観2年（860）に慈覚大師（じかくだいし）によって開かれた霊山。松尾芭蕉がおくのほそ道で訪れ、“閑さや岩にしみ入る蝉の声”という名句を詠んだ地としても有名。頂上の奥之院までは1段登るごとに煩悩が消えるといわれる1000段以上の石段が続く。山寺とは地名で、正式名称は宝珠山立石寺だ。景色を楽しみながらゆっくりと進もう。

☎023-695-2816（山寺観光案内所） 住山形市山寺4495-15（山寺観光案内所） ￥入山300円 ◷山門受付8～16時（季節により変動あり） 休山門受付無休（冬期の入山は足元注意） 交JR山寺駅から登山口まで徒歩6分 P有料駐車場利用 MAP P100C1

参詣のおともに！
**力こんにゃく**
ダシ醤油で煮込んだ甘辛味。1本100円。参道や門前町で販売

## 山寺を参拝しましょう

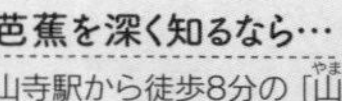

### 芭蕉を深く知るなら…

山寺駅から徒歩8分の「山寺芭蕉記念館(やまでらばしょうきねんかん)」。数寄屋造の茶室もある純和風の建物で、芭蕉直筆の作品や『おくのほそ道』の資料を展示。
☎023-695-2221 MAP P100C1

START!

### 1 山門(さんもん)

山寺参拝の入口。山門から奥之院までは約1000段の石段が続く。

◀茅葺屋根の門は鎌倉時代末期に建てられた歴史あるもの

徒歩25分

### 2 仁王門(におうもん)

ケヤキ造りの門の左右には、仁王尊像と十王尊像が安置されている。

▶像は邪心のある人がここから先に登らないよう、にらみをきかせている

徒歩5分

### 3 納経堂・開山堂(のうきょうどう・かいざんどう)

開山堂は慈覚大師の廟所で、木造尊像が安置されている。

▲赤い祠が納経堂。下には慈覚大師の遺骨が納められた入定窟(にゅうじょうくつ)がある

徒歩1分

### 4 五大堂(ごだいどう)

山寺随一の展望所。切り立った崖の上にあり、眼下に広がる門前町の眺めは格別。

▲五大明王を祭り、天下泰平を祈った舞台造の道場

徒歩5分

GOAL!

### 5 奥之院(おくのいん)

石段のゴール。右側が奥之院とよばれる如法堂。左側は阿弥陀如来像が安置された大仏殿。

▲大仏殿はお参りすると悪縁切りのご利益があるといわれている

## 絶景観賞後はコチラへ

### ふもとや 本店(ふもとや ほんてん)

#### 気軽に立ち寄れる休み処

そばなどの食事のほか、みやげ品も揃う。さくらんぼソフトクリーム400円が人気。☎023-695-2214 🕒8時30分～17時30分(季節により変動あり) 休不定休 交JR山寺駅から徒歩5分 MAP P100C1

◀サクランボ果汁がたっぷり

### 美登屋(みとや)

#### 郷土の味を手打ちそばと

山形の郷土料理「だし」をかけただしそば1200円(4～11月限定)などが味わえる手打ちそばの店。☎023-695-2506 🕒10時30分～16時(冬期は11～15時) 休不定休 交JR山寺駅から徒歩3分 MAP P100C1

▲だしそばは山形名物

国の重要文化財に指定されている「根本中堂」(MAP P36右下)では、比叡山から分灯された不滅の法灯を見学できます(拝観200円)。

# 神秘の湖・御釜へGO！ 蔵王エコーラインで自然美を満喫

＋山形駅から車で約30分

蔵王山麓から頂上へ向かう蔵王エコーラインには、ビューポイントが点在。ダイナミックな絶景に出合えるドライブコースをご案内します。

## ＋蔵王(ざおう)ってこんなところ

**豊かな自然と名湯を楽しめる**

山形と宮城をまたぐ蔵王連峰には山岳道路「蔵王エコーライン」があり、5月上旬～10月下旬にドライブを楽しめる。山形側には蔵王温泉、宮城側には遠刈田温泉があり、温泉に立ち寄るのもおすすめ。御釜へは蔵王エコーラインから有料道路「蔵王ハイライン」（普通車550円）で向かう。

☎023-694-9328（蔵王温泉観光協会）、☎0224-34-2725（蔵王町観光案内所）交蔵王温泉へは山形自動車道山形蔵王ICから車で30分※蔵王エコーライン・蔵王ハイラインともに11月上旬～4月下旬通行止め MAP P100C3～4

▲野趣満点の露天風呂には強酸性の硫黄泉が満ちる

START!

### 1 蔵王温泉大露天風呂(ざおうおんせんだいろてんぶろ)

川沿いに造られた露天風呂で、開放感抜群。湯船は上流の女湯に2つ、下流の男湯に2つある。洗い場はなく、石鹸やシャンプーは使用不可。

☎023-694-9417（蔵王温泉観光株式会社）住山形市蔵王温泉荒敷853-3 ¥入浴800円 🕒9時30分～16時30分最終受付（土・日曜、祝日は～17時30分最終受付）休11月中旬～4月中旬 交山形自動車道山形蔵王ICから車で30分 P60台 MAP P101C3

### 2 蔵王ロープウェイ(ざおうろーぷうぇい)

蔵王温泉の蔵王山麓駅から樹氷高原駅経由で地蔵山頂駅までを30分で結ぶ。新緑、紅葉、樹氷などを眺められる。

☎023-694-9518 住山形市蔵王温泉229-3 ¥蔵王山麓駅から地蔵山頂駅まで片道2000円、往復3800円 🕒8時30分～17時（季節により変動）休不定休（要確認）交山形自動車道山形蔵王ICから車で30分 P150台 MAP P100C3、101B4

▶朝日連峰も望める

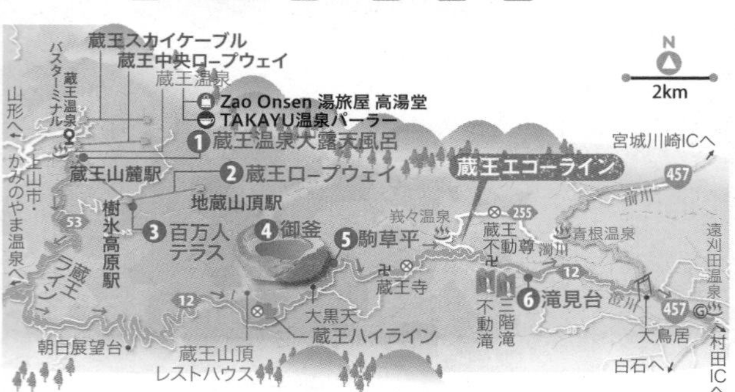

▲百万人テラスに設けられたビーチベッド

## 3 百万人テラス
ひゃくまんにんてらす

蔵王ロープウェイ樹氷高原駅の近くにある眺望スポット。目の前に遮るもののない雄大な景色をソファに座って楽しめる。

☎023-694-9518（蔵王ロープウェイ）住山形市蔵王温泉229-3 ¥蔵王山麓駅～樹氷高原駅の往復2000円 ⏰8時45分～16時45分 休不定休（蔵王ロープウェイに準ずる）交蔵王ロープウェイ樹氷高原駅からすぐ MAP P100C3

## 4 御釜
おかま

釜の形をしたカルデラ湖。日の当たり方で湖面の色が変わり、晴れた日はエメラルドグリーンの湖面を見られる。夏でも涼しいので上着持参がおすすめ。

☎0224-34-2725（蔵王町観光案内所）住蔵王国定公園内 ¥⏰見学自由（蔵王ハイライン普通車550円）休11月上旬～4月下旬 交山形自動車道山形蔵王ICから車で1時間15分（蔵王温泉経由）P蔵王ハイライン駐車場利用350台 MAP P100C4

▲周囲約1080m、直径約325mの大きさを誇る

## 5 駒草平
こまくさだいら

高山植物・コマクサの群生地で、見頃は6 月中旬～7 月上旬。晴れた日は展望台から太平洋まで見渡せる。

☎0224-34-2725（蔵王町観光案内所）住蔵王町遠刈田温泉倉石岳国有林地内 ¥⏰見学自由 休11月上旬～4月下旬 交山形自動車道山形蔵王ICから車で1時間20分（蔵王温泉経由）P50台 MAP 折込裏D5

◀荒涼の大地にコマクサが咲く

## 6 滝見台
たきみだい

GOAL!

2つの滝を望むビュースポット。展望台の正面には、細く3段に分かれて流れ落ちる三階滝がある。視界右手には不動滝を遠望できる。

☎0224-34-2725（蔵王町観光案内所）住蔵王町遠刈田温泉倉石岳国有林地内 ¥⏰見学自由 休冬期は積雪のため見学不可 交山形自動車道山形蔵王ICから車で1時間35分（蔵王温泉経由）P10台 MAP 折込裏D5

▶日本の滝百選にも選ばれている三階滝

### 蔵王温泉の立ち寄りスポット

## Zao Onsen 湯旅屋 高湯堂
ざおう おんせん ゆたびや たかゆどう

**おみやげ選びにぴったり!**

marucoro chan おきもの（御釜こけし、花笠こけしなど）をはじめ、かわいいアイテムが充実の温泉コーデショップ。

▲御釜こけし（おにぎり乗せ）2090円

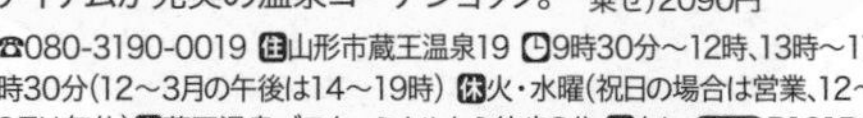

☎080-3190-0019 住山形市蔵王温泉19 ⏰9時30分～12時、13時～17時30分（12～3月の午後は14～19時）休火・水曜（祝日の場合は営業、12～3月は無休）交蔵王温泉バスターミナルから徒歩2分 Pなし MAP P101B3

## TAKAYU温泉パーラー
たかゆおんせんぱーらー

**多彩な味が揃うソーダが人気**

蔵王湯あがりソーダはサクランボなど10種類。変わり種のラケットが揃う温泉卓球も楽しめる（30分500円）。

▲蔵王湯あがりソーダ550～650円

☎090-6456-0020 住山形市蔵王温泉14 ⏰10～12時、13時～17時30分（ドリンクは17時15分LO）休水・木曜（祝日の場合は営業）交蔵王温泉バスターミナルから徒歩2分 Pなし MAP P101B3

御釜の手前にある「蔵王山頂レストハウス」では、山形名物の玉こんにゃくなどを販売しています。

# 「美人づくりの湯」としても有名な名湯・蔵王温泉の宿でリラックス

蔵王連峰の西麓に湧く蔵王温泉は、豊かな自然と豊富な湧出量が魅力。温泉街には多彩な宿が立ち並び、癒やしのひとときを過ごせます。

みやまそうたかみや

## 深山荘高見屋

**創業約300年の老舗宿で9種の風呂を満喫**

享保元年（1716）創業の格式ある老舗宿。桶風呂や石造りなど貸切風呂を含めて9種の風呂があり、湯めぐり気分を楽しめる。2種の貸切風呂（当日予約制、50分2700円）も人気。いずれの風呂にも、自家源泉から引いた湯がたっぷり注ぐ。小学生以下は宿泊不可で、ゆったりとした大人の時間を過ごせる。

☎023-694-9333 住山形市蔵王温泉54 交バス停蔵王温泉バスターミナルから徒歩5分 P20台 室全19室 ●泉質：硫黄泉 ●風呂：内湯男女各2（入替制）露天3（入替制） 貸切：2 MAP P101B3

……料金（1泊2食付）……
- 平　日　2万2150円～
- 休前日　2万4350円～
- IN 15時／OUT 10時

1多彩な湯船でかけ流しの湯を楽しめる 2モダンで落ち着いた雰囲気の客室「離庵山水」 3蔵王牛をすき焼としゃぶしゃぶで味わえる「すきしゃぶ鍋」が好評

ごかんのゆ® つるや

## 五感の湯® つるや

**4つの貸切風呂で温泉堪能！夕食は郷土料理を存分に**

自家源泉を加温加水することなく、館内すべての大浴場・露天風呂・貸切風呂に供給。源泉の酸性度はpH1.8を誇る。山形の食材をふんだんに使った郷土料理も評判。

☎023-694-9112 住山形市蔵王温泉710 交バス停蔵王温泉バスターミナルからすぐ P30台 室全41室 ●泉質：硫黄泉 ●風呂：内湯男女各1 露天男女各1 貸切：4 MAP P101B3

1ゆったりとした造りの和モダンツインは平日2万2150円～
2温泉は空気に触れると乳白色に変わる

……料金（1泊2食付）……
- 平　日　1万7750円～
- 休前日　1万9950円～
- IN 14時／OUT 10時


源泉かけ流し　部屋食　エステあり　禁煙ルームあり　大浴場あり　ひとり宿泊OK

ざおう・うたのやど　わかまつや

## 蔵王・和歌の宿 わかまつや

### 18tの蔵王石をくりぬいた ダイナミックな湯船が名物

360年以上の歴史を誇り、斎藤茂吉ゆかりの宿として知られる。大石くりぬき風呂や御影石の風呂などで自家源泉の湯をかけ流しで堪能できる。貸切家族風呂は無料で利用可能。

☎023-694-9525 住山形市蔵王温泉951-1 交蔵王温泉バスターミナルから徒歩3分（送迎あり）P60台 室全23室 ●泉質：硫黄泉 ●風呂：内湯男女各1 露天男女各1 貸切：2 MAP P101B3
※部屋食は一部のみ可

1蔵王を一望する和洋室15畳。シモンズ社製のマットレスを使用 2湯量豊富な温泉が自慢

……料金（1泊2食付）……
- 平日　2万3800円～
- 休前日　2万4900円～
- IN 15時／OUT 10時

ほてる　きらく

## ホテル 喜らく

### 野趣あふれる露天で 名湯にじっくり浸かる

温かなもてなしと、こまめに管理されたかけ流しの湯が評判。湯は、蔵王温泉のなかでも名湯として知られる川原屋源泉から引いたもの。郷土料理が並ぶボリューム満点の夕食も人気。

☎023-694-2222 住山形市蔵王温泉935-25 交蔵王温泉バスターミナルから徒歩7分 P30台 室全24室 ●泉質：硫黄泉 ●風呂：内湯男女各1露天男女各1 貸切：なし MAP P101B4

1眺望がよく、のんびり過ごせる和室 2露天風呂は女性用が木造り、男性用が石造り

……料金（1泊2食付）……
- 平日　1万2800円～
- 休前日　1万5000円～
- IN 15時／OUT 10時

ざおうつららぎのやど　はなゆらん

## 蔵王つららぎの宿 花ゆらん

### 源泉かけ流しの硫黄泉と 蔵王の絶景を満喫

建物は洋風のデザインながら、館内は和のしつらえ。客室は和室、キングダブル、ペットと泊まれるツインルーム、離れのログハウスなど多彩。源泉かけ流しの内湯や地産地消がテーマの夕食も好評。

☎023-694-9200 住山形市蔵王温泉878-12 交蔵王温泉バスターミナルから徒歩10分 P20台 室全11室 ●泉質：硫黄泉 ●風呂：内湯男女各1　露天なし　貸切：あり MAP P101B3

1ゆったりとした12畳和室 2明るく快適な男女別の内湯。かけ流しの湯に湯の花が浮かぶ

……料金（1泊2食付）……
- 平日　1万1000円～
- 休前日　1万1000円～
- IN 15時／OUT 10時

温泉街には地酒の試飲ができるミュージアムや蔵王温泉名物のジンギスカンを味わえる食事処、立ち寄り湯などがあります。

山形タウンから
電車で
12分

# いにしえの面影が色濃く残る城下町・上山さんぽへ

武家屋敷など藩政時代の貴重な建物が点在する上山市。
温泉や足湯、新しいグルメスポットを楽しみながら、歩いてめぐりましょう。

## かみのやま温泉ってこんなところ

開湯560余年の歴史があるかみのやま温泉は、江戸時代には宿場町として栄え、山形県の湯野浜温泉、福島県の東山温泉とともに奥羽三楽郷に数えられた。新湯、湯町、河崎、高松、葉山の5地区からなり、多彩な宿泊施設が点在する。

☎023-672-0839（上山市観光物産協会）交山形駅からJR奥羽本線で12分、かみのやま温泉駅下車 MAP P101上

## 中條屋
なかじょうや

### 和テイストの巨大ソフトクリーム

創業以来変わらぬ味を守る中條饅頭のほか、天ぷら饅頭、フルーツ大福など多彩な菓子が並ぶ。ソフトクリームには黒蜜やこしあんなど和のトッピングが。+400円で倍以上のボリュームのインスタ巻きにできる。

☎023-672-0329 住上山市沢丁6-7 ⏰7～17時 休水曜 交JRかみのやま温泉駅から徒歩9分 P10台 MAP P101B1

▲文久2年（1862）創業の老舗菓子舗

▲黒蜜と焦がしきな粉が豊かに香る、黒蜜きな粉ソフトクリームインスタ巻き880円

## 上山城
かみのやまじょう

### 城郭風建築の郷土歴史資料館

天文4年（1535）に築城、土岐氏の時代に整備され「羽州の名城」とよばれた。現在の建物は昭和57年（1982）に復元されたもの。

☎023-673-3660 住上山市元城内3-7 ¥入館420円 ⏰9時～16時45分 休木曜（祝日の場合は前日）、ほか公式サイトを要確認 交JRかみのやま温泉駅から徒歩7分 P50台 MAP P101C1

▲郷土資料館として、上山市の古代から近現代の歴史資料を展示している
◀天守閣からは城下町や蔵王連峰などを眺められる

## 武家屋敷
ぶけやしき

### 茅葺き屋根の屋敷が立ち並ぶ

藩政時代に建てられた四軒の武家屋敷が軒を連ねる。三軒は庭先のみの見学で、内部見学ができるのは三輪家のみ。

☎023-673-1078（武家屋敷三輪家）住上山市鶴脛町1地内 ¥三輪家入館220円 ⏰三輪家9時～16時45分 休三輪家は水曜（そのほかの施設は庭園のみ見学可）交JRかみのやま温泉駅から徒歩15分 P40台 MAP P101B1

▲庭園にツツジや松、池を配した趣深い造り。往時の暮らしの名残を感じられる

◀縁側に臨む庭の眺めも見事。座敷でゆっくりと過ごそう

N
200m
104
新湯口
展望露天の湯 有馬館
新湯共同浴場
104
栗川稲荷神社
458
石崎神社
西光寺
13
おやど森の音
上山市役所前
葉山足湯
葉山公衆浴場
上山市役所
上山市高松葉山
市民公園
上山市高松葉山

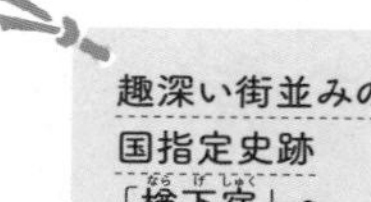

## 趣深い街並みの国指定史跡「楢下宿(ならげじゅく)」へ

羽州街道の宿場町だった楢下宿。現在は、旅籠屋だった建物が民俗資料館や地域の交流拠点として活用されている。JRかみのやま温泉駅から車で15分。
☎023-672-0839(上山市観光物産協会) MAP P100A4

### 足湯めぐり

無料で楽しめる足湯が市内に5カ所ある。上山城の足湯は敷地内の自然や街並みを見渡せる眺望自慢。日没後には足湯に入りながらライトアップされた城郭を見上げよう。

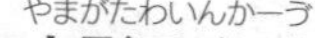

やまがたわいんかーヴ
## 山形ワインカーヴ

### お好みの山形ワインを見つけて

ブドウ栽培が盛んで、古くからワイン造りの歴史をもつ上山市。2023年オープンのバル&ショップ「山形ワインカーヴ」では、県内ワイナリーを中心としたワインを楽しめる。おつまみやソフトドリンクもある。

☎023-672-0839 住上山市矢来1-2-1 ¥入場無料 ◷9時30分～16時30分 (16時LO) 休不定休 交JRかみのやま温泉駅からすぐ P5台 MAP P101C2

▲店内のワインセラーには貴重なワインも並んでいる
◀グラスワインは山形ゆかりの銘柄を約10種類揃える

### 共同浴場めぐり

上山市内には「下大湯共同浴場」(写真)や「二日町共同浴場」など4カ所の湯処がある。早朝営業や源泉かけ流しなど各スポットについては、上山市観光物産協会の公式サイトをチェックしよう。

かみのやまおんせんかんこうあんないじょ
## かみのやま温泉観光案内所

### 上山散策はここからスタート

観光情報の発信やレンタサイクル、手荷物預かりなどを行う観光拠点。館内には自家焙煎コーヒーやランチを味わえるショップやワインカーヴもあり、休憩スポットとしても利用できる。春～秋はテラス席も開放。

☎023-672-5703 住上山市矢来1-2-1 ◷9～17時 休無休 交JRかみのやま温泉駅からすぐ P5台 MAP P101C2

コーヒー&スイーツも!

▶レンタサイクルは4～11月に実施。1日1200円（クロスバイクは3000円）。午後のみ利用なら割引も

▲上山観光で困ったときに頼れる存在

# 城下町で贅沢なひとときを かみのやま温泉の極上宿

江戸時代に宿場町として栄えたかみのやま温泉には気品あふれる宿が点在。
趣向を凝らした癒やしの客室は、おこもり宿にもぴったりです。

にっぽんのやど こよう

## 日本の宿 古窯

### 蔵王連峰を一望できる露天風呂やくつろぎの客室で贅沢な時間を

40年以上にわたって、プロが選ぶ日本のホテル・旅館100選に選ばれ続ける温泉旅館。蔵王連峰を眺めながら入浴できる天空露天風呂をはじめ、純和風の極上の客室、米沢牛や山形牛を使った料理など、魅力あふれるもてなしが評判。プライベートな空間で温泉を満喫できる露天風呂付き客室「雪の館」などが人気。

☎0570-00-5454 住上山市葉山5-20 交JRかみのやま温泉駅から車で5分 P325台 室全127室 ●泉質：ナトリウム・カルシウム-塩化物・硫酸塩泉 ●風呂：内湯男女各1（入替制）露天男女各1（入替制）貸切1 MAP P101A2

……料金（1泊2食付）……
- 平　日　2万4200円～
- 休前日　2万6620円～
- IN 15時／OUT 10時

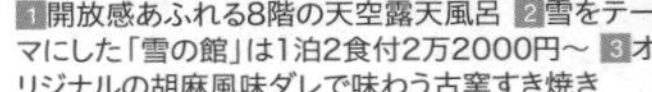

1 開放感あふれる8階の天空露天風呂 2 雪をテーマにした「雪の館」は1泊2食付2万2000円～ 3 オリジナルの胡麻風味ダレで味わう古窯すき焼き

めいげつそう

## 名月荘

### 気品と風情を感じる優雅な名宿

全20室の客室は、すべて内装が異なるモダンな造り。「我が家のような空間」を意識しているため、全室にリビング、テラスが付く。露天風呂付き客室や談話室、図書館などもある。

☎023-672-0330 住上山市葉山5-50 交バス停高松葉山温泉から徒歩10分 P30台 室全20室 ●泉質：ナトリウム・カルシウム-塩化物・硫酸塩泉 ●風呂：内湯男女各3 露天男女各1 貸切3 MAP P101A2

……料金（1泊2食付）……
- 平　日　4万300円～
- 休前日　4万3600円～
- IN 15時／OUT 11時

1 プライベート感あふれるリビング、テラス、庭付きの客室 2 蔵王石で造られた露天貸切風呂は予約不要

はたごのこころ はしもとや

## はたごの心 橋本屋

### 愛らしい雰囲気が漂う隠れ家宿でのんびり

モダンクラシックなインテリアでまとめられた館内は、女性好みのかわいらしさ。露天風呂付き客室「はたご蔵うさぎ野」には、趣の異なる6つの客室がある。山形の食材を盛り込み、器にもこだわる料理も評判。

☎023-672-0295 住上山市葉山4-15 交バス停高松葉山温泉から徒歩5分 P20台 室全16室 ●泉質：ナトリウム・カルシウム-塩化物・硫酸塩泉 ●風呂：内湯男女各1 露天男女各1 貸切2 MAP P101A2

1リビング、和室、ベッドルームからなる風呂付きの客室「なごり雪」 2蔵王石の巨岩をくりぬいた露天風呂

……料金（1泊2食付）……
平日 1万9800円～
休前日 2万3100円～
IN 15時／OUT 10時

はなあかりのやど つきのいけ

## 花明りの宿 月の池

### 非日常に浸れる味自慢の優美な宿

花明りや月がちりばめられた館内は、ロマンチックな雰囲気。大人の休日がテーマの露天風呂付き客室は3室ある。各部屋のウッドデッキでは、源泉かけ流しの温泉を楽しめる。

☎023-672-2025 住上山市湯町3-10 交JRかみのやま温泉駅から徒歩15分 P20台 室全18室 ●泉質：ナトリウム・カルシウム-塩化物・硫酸塩泉 ●風呂：内湯男女各1 露天男2女3 貸切なし MAP P101C1

1バラの花が浮かんだバスタブで至福のひとときを 2山形の食材を存分に楽しめる郷土会席

……料金（1泊2食付）……
平日 1万9950円～
休前日 2万3250円～
IN 15時／OUT 10時

はやまかん

## 葉山舘

### 著名人にもファンが多い人気旅館で温泉三昧

多くの著名人や作家に愛される静かな宿。客室は、蔵王連峰を望む翠葉亭、ゆとりある華葉亭、スタンダードな四季亭の3種類。全客室に温泉が注がれた内湯が付いている。

☎023-672-0885 住上山市葉山5-10 交バス停高松葉山温泉から徒歩7分 P60台 室全32室 ●泉質：ナトリウム・カルシウム-塩化物・硫酸塩泉 ●風呂：内湯男女各1 露天男女各1 貸切なし MAP P101A2

1和モダンなインテリアの翠葉亭の客室は眺望のよさも魅力 2県内産スナゴケで壁面緑化している露天風呂

……料金（1泊2食付）……
平日 1万9800円～
休前日 2万3100円～
IN 15時／OUT 11時

温泉街には地元の人々も通う共同浴場や足湯など、憩いの場があちこちに。気軽に温泉を楽しめるエリアです。

# 夏の夜に咲き誇る花笠の群れ「山形花笠まつり」ってどんな祭り？

**毎年8月、山形市中心部で開催される「山形花笠まつり」。東北四大祭りの一つに数えられる夏祭り。華麗な群舞は必見です。**

▲昭和38年(1963)から続く祭り。花笠踊りの起源は大正時代といわれる

毎年 8月5～7日 開催

やまがたはながさまつり
## 山形花笠まつり

山形の県花・紅花をあしらった笠を手にした踊り手が、山形市中心市街地の約800mを艶やかに舞う。花笠太鼓と花笠音頭、「ヤッショ、マカショ」の掛け声が響くなか、多彩な踊りで観客を魅了。花笠パレードのスタートは18時10分頃で、沿道で観覧できる。花笠踊り発祥の地・尾花沢では、毎年8月27・28日に「おばなざわ花笠まつり」が開かれる。

☎023-642-8753(山形県花笠協議会) 住山形市十日町～本町七日町通り～文翔館 交JR山形駅から会場まで徒歩10分 P近隣有料駐車場を利用 MAP折込表B2～C1

## 花笠踊りの種類

### 正調花笠踊り ～薫風最上川～

最上川や稲穂をイメージした優美な踊りで、通称・女踊りとよばれる。日本舞踊的な振り付けで、衣装も艶やか。

### 正調花笠踊り ～蔵王暁光～

1998年に誕生した勇壮な踊りで、通称・男踊り。蔵王連峰の夜明けと自然への感謝をイメージしている。

### 笠回し系花笠踊り

花笠踊り発祥の地・尾花沢系の躍動感あふれる踊り。ダイナミックに花笠を振り回しながら練り歩くのが特徴。

## 祭りの楽しみ方

### 飛び入り参加OK！

やまがたクリエイティブシティセンター Q1（☞P23）での「昼の花笠」をはじめ、18時10分頃からは山形市役所前で、20時30分頃からはパレード最後尾で参加可能。

### グッズをおみやげに！

尚美堂（☞P31）など各所で、ミニ花笠2420円や起き上がり人形440円など公式グッズを販売。

### イルミネーションも点灯

夜は花笠パレードコースが提灯で彩られ、文翔館前ではイルミネーションアーチの点灯も。

# 情緒あふれる街並みにときめく
# 憧れの温泉郷・銀山温泉へ

石畳にガス灯が並ぶ温泉街をぶらりと散策。
夜はレトロな木造旅館で名湯を満喫しましょう。
湯の街・天童には贅沢に過ごせる宿がたくさん。
東根では、もぎたてフルーツをたっぷり味わって。

個性あふれるいで湯の街

# 銀山温泉・天童・東根

ぎんざんおんせん・てんどう・ひがしね

これしよう！

### ノスタルジックな街並みを散策

大正ロマンの風情が漂う銀山温泉は、夕方になるとガス灯が点灯しロマンチックな雰囲気に。

これしよう！

### もぎたてフルーツを好きなだけ！

果樹栽培が盛んな東根では、フルーツ狩りで自然の恵みを存分に味わって。

これしよう！

### 天童温泉の名宿で地元食材をリッチに

料理にこだわりのある宿も多い天童温泉。地元産の食材を贅沢に堪能！

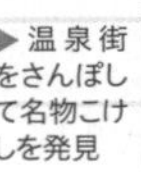

▶温泉街をさんぽして名物こけしを発見

こんなところ

木造旅館が立ち並ぶ郷愁の名湯、銀山温泉。銀山川のほとりに菓子店やカフェ、足湯などが並び、散策を楽しめる。天童温泉には、個性豊かな宿が点在。将棋の街としても知られる。両エリアの間に位置する東根はサクランボの名産地で、フルーツ狩りもできる。

access

東京駅から天童駅へは山形新幹線つばさで2時間34分～3時間5分、さくらんぼ東根駅へは2時間39分～3時間13分。銀山温泉へは天童駅からJR奥羽本線で27～35分、大石田駅からはながさバスで36～43分。

問合せ

☎0237-28-3933 銀山温泉観光案内所
☎023-653-1680 天童市観光物産協会
☎0237-42-1111 東根市商工観光課

MAP P102、103

# ～銀山温泉・天童・東根 はやわかりMAP～

おすすめコースは

**1泊2日**

山形新幹線で天童へ向かい、将棋駒の製作実演を見学。昼食にそばを味わったら、銀山温泉へ移動して温泉街をまったり散策。夜は旅館に泊まって、名湯とレトロな空間を満喫して。

スタート JR天童駅
▶徒歩13分
1 見学 栄春堂
▶徒歩すぐ
2 食べる 手打水車生そば
▶徒歩18分＋電車・バスで約1時間20分
3 買う 菓子処 めいゆう庵
▶徒歩3分
4 買う 伊豆こけし工房本店
▶徒歩すぐ
5 泊まる 能登屋旅館
▶徒歩7分
ゴール バス停銀山温泉

# 大正浪漫あふれる憧れの温泉地で ノスタルジックさんぽ

銀山川の両側に木造旅館が立ち並ぶ銀山温泉には、レトロなポイントがいっぱい。おいしいものもチェックしながら、湯の街さんぽを楽しみましょう。

## 銀山温泉って こんなところ

15世紀に銀鉱が発見され、江戸時代に大銀山として栄えた「延沢銀山」が名の由来。銀山の閉山後も湯治場として親しまれ、大正末期から昭和初期にかけて建てられた洋風木造多層の旅館が今も残る。温泉街は車両進入禁止のため、車を気にせず散策できる。

☎0237-28-3933（銀山温泉観光案内所）交JR大石田駅からはながさバス銀山温泉行きで約40分、バス停銀山温泉下車 MAP P102右下

▲手さげ籠や下駄、カンカン帽など、小物のレンタルもある

あいらすげーな

## あいらすげーな

### ハイカラ衣装で温泉街をぶらり

大正ロマンを感じさせる、レトロな袴や着流しなどがレンタルできる。散策コース60分3000円など、散策時間に合わせて利用可能。着物は着やすく改造されているので、5分ほどで簡単に着用できる。

☎080-7816-8795 住尾花沢市銀山新畑417（古勢起屋別館1階）🕒9〜16時 休不定休（冬期休業、詳細は公式サイトで要確認）交バス停銀山温泉から徒歩4分 P銀山温泉共同駐車場利用30台 MAP P102C4

▼温泉街の中心地、白銀橋の近く。ベンチも多く大勢の人で賑わう

かしどころ めいゆうあん

## 菓子処 めいゆう庵

### 名物まんじゅうを食べ歩き

手軽な和菓子みやげが揃う老舗和菓子店。銀山まんじゅうや揚げたての揚げまんじゅうは食べ歩きにもぴったり。銀山温泉名物のカリーパンも販売している。

☎0237-28-2588 住尾花沢市銀山新畑438-2 🕒8時〜17時30分（季節により変動あり）休無休 交バス停銀山温泉から徒歩4分 P銀山温泉共同駐車場利用30台 MAP P102C4

▲はいからさんのカリーパン1個270円。具だくさんで食べごたえ満点

▲銀山まんじゅう1個120円。餡に刻んだ栗を入れた黒糖と竹炭を練り込んだごまがある

わらしゆ

## 和楽足湯

### 足湯に浸かって ひと休み

銀山川のほとりにある無料の足湯。周辺の旅館と同じ源泉をそのまま利用した、少し熱めの湯が特徴。屋根がなく開放的な造りのため、川の流れや街の景観を眺めながらゆっくりくつろげる。足拭き用のタオルを持参しよう。

☎0237-28-3933（銀山温泉観光案内所）住尾花沢市銀山新畑 ¥利用無料 🕒6〜22時 休無休 交バス停銀山温泉から徒歩5分 P銀山温泉共同駐車場利用30台 MAP P102C4

**街を飾る職人の意匠に注目**

温泉街を歩くと目に入るのが、旅館の外壁を飾る鏝絵（こてえ）。左官職人が漆喰を延ばすためのコテで描いたレリーフで、なかには屋号や創業者の名を刻んだものも。鮮やかな色遣いのものが多く、レトロな街並みを華やかに彩っている。

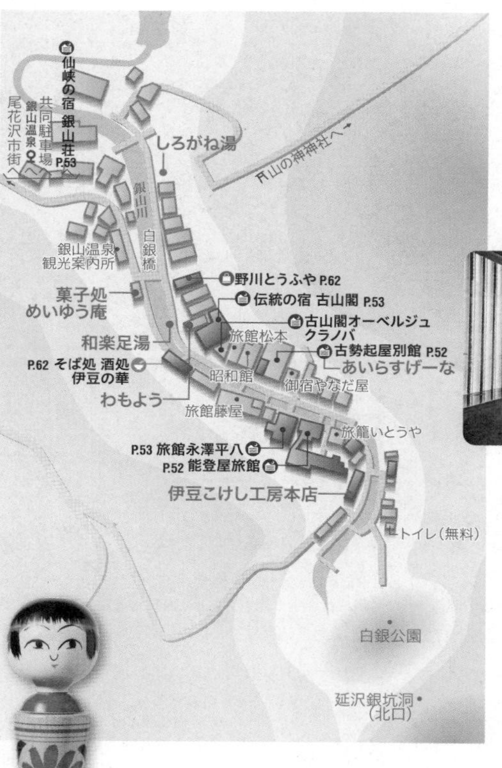


しろがねゆ

## しろがね湯

### 源泉かけ流しの共同浴場

市民も観光客も利用できる共同浴場。1階と2階に1つずつ内湯があり、男女日替わり制。細かな湯の花が浮かぶ湯船は源泉かけ流しで、つるっと肌ざわりのよい湯が心地よく、体の芯から温まる。

☎0237-28-3933（銀山温泉観光案内所）住尾花沢市銀山新畑 ¥入浴500円 ⏰8時30分～15時30分（最終受付15時）休水曜 交バス停銀山温泉から徒歩6分 P銀山温泉共同駐車場利用30台 MAP P102C3

◀建築家・隈研吾（くまけんご）氏の設計による三角形のモダンな造りの共同浴場

わもよう

## わもよう

### 和×洋のフォトジェニックスイーツ

見た目がかわいいスイーツを提供するテイクアウト専門店。どら焼きとモンブランを合わせたどらモンは、どら焼き生地にあんこや生クリームをたっぷりはさんだ一品。ソフトクリームやみやげ物も販売する。
※2024年5月現在休業中（再開時期は要問合せ）

☎0237-28-2036（伊豆の華）住尾花沢市銀山新畑424 ⏰10～18時 休水・木曜（臨時休業あり）交バス停銀山温泉から徒歩5分 P銀山温泉共同駐車場利用30台 MAP P102C4

▲どらモン。左からいちごティラミス（季節限定）、チョコナッツ、抹茶あずき各770円

◀店名の由来は「和も洋も」。鶴と亀が描かれたのれんがかわいい

いずこけしこうぼうほんてん

## 伊豆こけし工房本店

### 伝統こけしなどの木工芸品が豊富

テレビドラマ『おしん』に登場するこけしを考案した職人の店。ほっそりした胴体にぱっちりとした目の銀山こけしや、木地工芸品などを販売している。

☎0237-28-2377（伊豆こけし工房 工芸館）※冬期木曜は本店☎0237-28-2161へ 住尾花沢市銀山新畑450 ⏰8時30分～18時 休無休（冬期は不定休）交バス停銀山温泉から徒歩8分 P銀山温泉共同駐車場利用30台 MAP P102C4

▲おしんこけし8寸2700円～。ドラマの名場面で使われた人気のこけし

銀山川に沿った遊歩道を進んだ先には、2つの滝が流れる白銀公園や「銀山」の名の由来になった延沢銀坑洞があります。

# レトロな館内で大正ロマンに浸る銀山温泉ステイ

大正～昭和初期の時代に建てられた、由緒ある木造建築の温泉宿。
レトロな空間でノスタルジーに浸る特別な時間を過ごしませんか。

のとやりょかん

## 能登屋旅館

**華やかな大正時代の名残ある銀山温泉のシンボル**

明治25年（1892）創業。大正10年（1921）築の建物は、4階の望楼が目を引く入母屋造りで国の登録有形文化財。玄関の鏝絵など細部にまで歴史を感じさせる装飾が施されている。風呂はかけ流しの木の香り漂う露天風呂と石造りの内風呂のほか、地下には創業当時からの元湯、洞窟風呂がある。宿泊者専用のカフェや、和洋折衷の談話室などレトロなみどころも。

☎0237-28-2327 住尾花沢市銀山新畑446 交バス停銀山温泉から徒歩7分 P25台 ●木造4階建て 室全15室 ●泉質：ナトリウム-塩化物・硫酸塩泉など ●風呂：内湯2 露天2 貸切2 MAP P102C4

……料金（1泊2食付）……
- 平　日　2万3250円～
- 休前日　2万5450円～
- IN 14時／OUT 10時30分

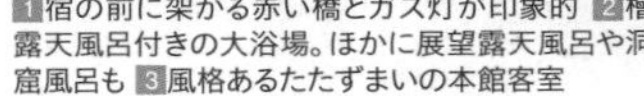
1宿の前に架かる赤い橋とガス灯が印象的 2檜露天風呂付きの大浴場。ほかに展望露天風呂や洞窟風呂も 3風格あるたたずまいの本館客室

こせきやべっかん

## 古勢起屋別館

**大正ロマンの香りを残すモダンな雰囲気漂う宿**

昔の造りを残した切妻の大屋根が特徴。ステンドグラスが配されたレトロな内湯に、山形牛や地元素材を会席膳で味わえる夕食も好評。姉妹館「銀山荘」の風呂も無料で楽しめる。

☎0237-28-2322（銀山荘 古勢起屋グループ予約センター）住尾花沢市銀山新畑417 交バス停銀山温泉から徒歩6分 P50台 ●木造5階建て 室全15室 ●泉質：ナトリウム-塩化物・硫酸塩泉など ●風呂：内湯2 露天なし 貸切なし MAP P102C4

……料金（1泊2食付）……
- 平　日　2万7100円～
- 休前日　3万400円～
- IN 15時／OUT 10時

1湯治場の風情が残るたたずまい
2半地下にある「ほっこりの近湯」

せんきょうのやど ぎんざんそう

## 仙峡の宿 銀山荘

### 和モダン空間と開放的な露天風呂を満喫

銀山温泉随一の規模を誇る和風旅館。広々とした内湯や露天風呂で、銀山川の雄大な自然を眺めながら湯浴みを楽しめる。特に四季を満喫しながら入る露天寝湯や立ち湯が人気。

☎0237-28-2322（銀山荘 古勢起屋グループ予約センター）住尾花沢市銀山新畑85 交バス停銀山温泉からすぐ P50台 ●鉄筋5階建て 室全40室 ●泉質：ナトリウム-塩化物・硫酸塩泉など ●風呂：内湯2 露天2 貸切なし MAP P102B3

1自然に囲まれた静寂の宿でくつろげる
2眺望のよい大浴場の露天風呂

……料金（1泊2食付）……
- 平　日　2万9850円～
- 休前日　3万3150円～

IN 15時／OUT 10時

でんとうのやど こざんかく

## 伝統の宿 古山閣

### ぬくもりある木造建築で18代続く老舗宿

もとは造り酒屋として創業。現在の建物は昭和3年（1928）の建築で、四季の風景が描かれた華やかな鏝絵が目を引く。館内に並ぶレトロな調度品や、紅漆喰の客室に風情が漂う。別館は全室洋室でクラシックな雰囲気。

☎0237-28-2039 住尾花沢市銀山新畑423 交バス停銀山温泉から徒歩5分 P15台 ●木造4階建て 室本館8室 新館6室 ●泉質：ナトリウム-塩化物・硫酸塩泉など ●風呂：内湯2 露天なし 貸切2 MAP P102C4

1築90年の木造建築の名宿
2新館の「古山閣オーベルジュ クラノバ」

……料金（1泊2食付）……
- 平　日　2万2150円～
- 休前日　2万3250円～

IN 14時30分／OUT 10時

りょかんながさわへいはち

## 旅館永澤平八

### 江戸時代の旅籠屋を思わせる昔懐かしいたたずまい

江戸時代創業で、建物は大正14年（1925）築。檜を使った内湯のほか、無料の貸切半露天風呂（予約不要）も人気。夕食は尾花沢牛や山菜などを盛り込んだ郷土料理を堪能できる。

☎0237-28-2137 住尾花沢市銀山新畑445 交バス停銀山温泉から徒歩5分 P8台 ●木造3階建て 室全7室 ●泉質：ナトリウム-塩化物・硫酸塩泉など ●風呂：内湯2 露天なし（半露天1）貸切2 MAP P102C4

1木の香りとぬくもりに癒やされる
2客室には年代物の家具や小物が並ぶ

……料金（1泊2食付）……
- 平日・休前日とも　1万9950円～

IN 14時／OUT 10時

細かい湯の花が混じった銀山温泉の湯は、冷え性、神経痛、打ち身などさまざまな効能があるといわれています。

# 全国のそば通もうなる 山形三大そば街道でランチ

東北きってのそばどころ、山形。最上川流域の北村山地域にある3つの「そば街道」には、全国からそば通が集まる名店が点在しています。

最上川三難所そば街道

あらきそば

## あらきそば

### 太打ち田舎板そばの名人芸

100年続く田舎そばの有名店。地元産の玄そばを自家製粉し、その日の分だけ手打ちする。薄墨色の極太そばは、コシが強く香り豊か。サイドメニューのにしんの味噌煮も人気。

☎0237-54-2248 住村山市大久保甲65 ⏰11時～14時15分LO 休水曜 交JR村山駅から車で15分 P20台 MAP P102A3

▲店の建物は築200年の茅葺き民家

うす毛利(もり) 1200円
約250gのボリューム満点のそばを秋田杉の木箱で提供する。にしんの味噌煮とも相性がよい

最上川盛り 1400円
大盛りのそばに、揚げたての季節の天ぷらと自家製漬物がついたお得なメニュー

最上川三難所そば街道

いたそばのさと むらやまてうちじゅく

## 板そばの里 村山手打ち塾

### 打ちたてそばと天ぷらを堪能

地元産のそば粉「でわかおり」を使用。そば粉10につなぎ2を合わせた外二そばで、細打ちの繊細な麺が特徴。粉合わせからゆで上げまで挑戦できるそば打ち体験も人気だ。

☎0237-55-6663 住村山市河島乙99 ⏰11～14時（体験10時～）休月・火曜（祝日の場合は営業）交JR村山駅から車で10分 P10台 MAP P102A3

◀そば打ち体験は2日前までに要予約

### ご当地ラーメンも人気

柏屋食堂の尾花沢牛ラーメン1050円は、牛すじ肉のうま味が溶け出した醤油スープが絶品。スイカの漬物「ぺそら漬」の辛みがアクセントに。

☎0237-22-0151 MAP P102B1

おくのほそ道 尾花沢そば街道

てうちそば たかはし

## 手打そば たか橋

### 自家製粉のそば粉にこだわり

店内にある製粉機で、尾花沢産玄そばを殻ごと毎日製粉。挽きたて、打ちたて、ゆでたてのそばが信条で、のど越しのよい二八そばと、香り高い十割そば（限定20食）を提供する。

☎0237-22-0460 住尾花沢市五十沢1468-11 ⏰11～19時 休水曜 交JR大石田駅から車で10分 P30台 MAP P102B1

**鴨汁と板そば 2200円**
コクとうま味たっぷりの鴨汁に特製二八そばが絡む（十割そばへの変更は+160円）

▲店内では製粉の様子も見学できる

おくのほそ道 尾花沢そば街道

そばどころつるこ

## そば処鶴子

### 自家製手打ちの尾花沢そば

自家栽培・製粉の玄そばを使い、そば粉の乾燥に1週間かけるなど手間を惜しまない丁寧な仕事が評判。普通盛りでも220gと多め。県産の鴨肉を使ったかもそばもファンが多い。

☎0237-28-3041 住尾花沢市鶴子445 ⏰11時～14時30分（売り切れ次第終了） 休火曜 交JR大石田駅から車で30分 P15台 MAP P102C2

**普通盛り 800円**
コシとのど越しのバランスがとれた外一そば。大根のおろし汁を加えたツユで味わう

▲店の外にソバ畑が広がる

大石田そば街道

しちべえそば

## 七兵衛そば

### 手打ちの田舎そば食べ放題！

地元産と北海道産のそば粉をブレンドした素朴な味わいの田舎そばが食べ放題の人気店。大根おろしの搾り汁にコシのある麺が絡み、さっぱりとした食べごたえに箸がすすむ。

☎0237-35-4098 住大石田町次年子266 ⏰11～15時 休木曜 交JR大石田駅から車で15分 P20台 MAP P102A1

**もりそば 1500円**
そばは1杯約300gでおかわり自由。地元で採れた山菜などを使ったおかず3品が付く

▲平成元年（1989）から店を構える

山形県内陸部で古くから食べられている「板そば」。人々の集まりで、長い板にそばを盛り振る舞ったのが由来とされています。

# 贅沢な時間を過ごせる天童温泉のおもてなし宿

県内各地からのアクセスもよい天童温泉には、名湯と絶品料理を満喫できる湯宿が揃っています。

**天童温泉とは？**

県のほぼ中央に位置し、山形観光の拠点として賑わう。和風旅館からラグジュアリーなホテルまで多彩な宿が点在。さらりとやわらかい泉質で「美肌の湯」ともよばれる。銀山温泉から車で約1時間。

びみぐしんのやど てんどうほてる

## 美味求真の宿 天童ホテル

### 開放感あふれる滝見露天と豪華な料理を堪能できる

天童一の広さを誇る湯舟でのんびりくつろげる。滝見露天風呂では、心地よい滝音に癒やされる。夕食は会席料理で山形牛や地元の旬の味覚を堪能。2022年にバリアフリー対応の温泉付き客室がリニューアルオープン。大滝庭園を眺めるロビーや将棋にまつわるギャラリー、キッズスペースなど、滞在を楽しめる工夫が随所に施されている。日帰り入浴も可能（11時30分～15時、1000円）。

☎023-654-5511 住天童市鎌田本町2-1-3 交バス停天童温泉から徒歩3分 P200台 ●鉄筋10階建て 室全106室 ●ナトリウム・カルシウム-硫酸塩泉 ●風呂：内湯2 露天2 貸切1 MAP P103C3

……料 金（1泊2食付）……
- 平　日　1万8905円～
- 休前日　2万1105円～

IN 15時／OUT 10時

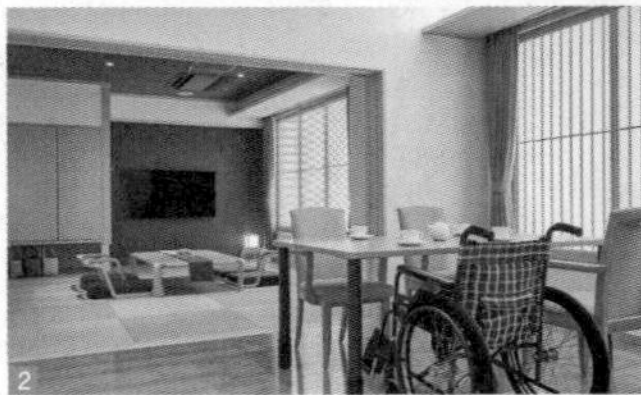

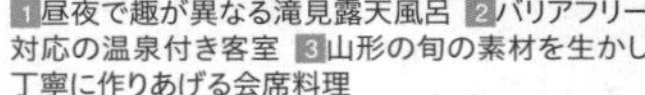

1昼夜で趣が異なる滝見露天風呂 2バリアフリー対応の温泉付き客室 3山形の旬の素材を生かし丁寧に作りあげる会席料理

てんどうそう

## 天童荘

### 和を感じる空間でプライベート温泉を満喫

伝統的な空間にモダンな設えが融合した「東亭」と数寄屋造りの離れ「離塵境」に、趣の異なる11の客室がある。全室が露天または半露天風呂付き。季節感あふれる懐石料理も自慢。

☎023-653-2033 住天童市鎌田2-2-18 交バス停篠田病院前から徒歩5分 P20台 ●東亭：木造1階建て 室全11室 ●泉質：ナトリウム・カルシウム-硫酸塩泉 ●風呂：内湯2 露天2 貸切なし MAP P103C3

※大浴場は工事のため2024年9月まで使用不可

……料 金（1泊2食付）……
- 平日・休前日とも 4万850円～

IN 15時／OUT 10時30分

1庭園に面する縁側が付いた「離塵境」 2明治時代にうなぎ店として創業。伝統を受け継ぐ「鰻の蒲焼」が名物



源泉かけ流し　部屋食　エステあり　禁煙ルームあり　大浴場あり　ひとり宿泊OK

ゆのか まつのゆ

## 湯の香 松の湯

### 天童では唯一！ 2種類の源泉が楽しめる

美しい日本庭園を望む大浴場があり、自家源泉の単純温泉と天童温泉共同の引き湯の2種類の温泉を満喫できる。半露天風呂付きの和室やメゾネットタイプなど多彩な客室も魅力。

☎023-653-2265 住天童市鎌田本町2-2-54 交バス停篠田病院前から徒歩2分 P30台 ●木造1階建て 室全12室 ●泉質：ナトリウム・カルシウム-硫酸塩泉、単純泉 ●風呂：内湯2 露天1 貸切なし MAP P103C3

1和洋室に半露天風呂が付いた客室 2やわらかい硫酸塩泉の露天げんこつ風呂

……料 金（1泊2食付）……
- 平　日　1万9800円～
- 休前日　2万2000円～
- IN 15時／OUT 10時

ほほえみのやど たきのゆ

## ほほえみの宿 滝の湯

### 自然にも人にもやさしい心地よいおもてなし

自家農園でとれた野菜を使って、手間ひまかけて仕上げる料理が自慢の宿。個性豊かな16タイプの客室は、上質で洗練された造り。大浴場は広く開放的で、湯上がり処ではドリンクサービスや温泉卵作りの体験も行っている。

☎023-654-2211 住天童市鎌田本町1-1-30 交バス停天童温泉から徒歩3分 P250台 ●本館：鉄筋5階建て 別館：鉄筋7階建て 室全86室 ●泉質：ナトリウム・カルシウム-硫酸塩泉 ●風呂：内湯2 露天2 貸切あり MAP P103B3

1夜景が一望できる露天風呂付き洋室 2地元の食材を使った郷土料理

……料 金（1泊2食付）……
- 平　日　1万8850円～
- 休前日　2万2150円～
- IN 15時／OUT 10時

しょうはくてい あづまそう

## 松伯亭 あづま荘

### 将棋王座戦の舞台に選ばれた 日本文化を大切にする宿

趣のある庭園を眺めながら過ごせる本館や、平屋数寄屋造りで隠れ宿風な別館「光陰」など、多彩な客室を揃える。料理のメインを複数の食材から選べるチョイスプランがおすすめ。

☎023-654-4141 住天童市鎌田2-2-1 交バス停篠田病院前から徒歩5分 P80台 ●鉄骨2階建て 室全34室 ●泉質：ナトリウム・カルシウム-硫酸塩泉 ●風呂：内湯2 露天2 貸切なし MAP P103C4

1別館の露天風呂付き客室から庭園美を堪能
2昼は青空、夜は星空が美しい

……料 金（1泊2食付）……
- 平　日　1万5400円～
- 休前日　1万8700円～
- IN 15時／OUT 10時

天童は将棋駒の生産量日本一の街。看板やマンホールなど、街の随所に将棋駒のモチーフが見られます。

# サクランボの里・東根で フルーツ狩り＆スイーツ三昧

銀山温泉から車で約45分

サクランボのトップブランド「佐藤錦」発祥の地、東根。
果物狩りやスイーツで、フレッシュなごちそうフルーツをたっぷり味わって。

## 東根ってこんなところ

山形盆地に位置し昼夜の寒暖差が大きいため、果樹の栽培に適した地域。生産量日本一のサクランボのほか、桃やブドウ、イチゴなども名産。「果樹王国ひがしね」として知られ、フルーツ狩りを楽しめる果樹園が点在する。琥珀色のやわらかい湯が湧く「さくらんぼ東根温泉」には宿泊施設も充実。

☎0237-42-1111（東根市商工観光課）交山形駅からJR奥羽本線で27分、さくらんぼ東根駅下車 MAP P102B3～4

あだちのうえん

## 安達農園

### 老舗の観光果樹園でサクランボ狩り

サクランボ、桃、リンゴを栽培する観光果樹園。6～11月にはフルーツ狩りも楽しめる。サクランボの60分食べ放題は6月上旬～7月上旬に案内（大人2000円～、予約不要）。併設の直売所では自家製100%ジュースなども販売。

☎0237-44-1231 住東根市関山332-1 時8～17時※要問合せ 休期間中無休 交JRさくらんぼ東根駅から車で15分 P50台 MAP P102B4

1 直売所ではサクランボを直接購入できるほか、全国発送もOK 2 自然の恵みたっぷりのサクランボを味わえる 3 サクランボはひとつひとつ丁寧に選別されている

たきぐちかんこうかじゅえん

## 滝口観光果樹園

### 季節ごとにフルーツ狩りが楽しめる

国道48号沿いにある果樹園。6～11月にサクランボや桃、ブドウ、リンゴなど食べ放題の果物狩りを実施している。自家栽培の果物を使った手作りジャムやフルーツワインなどの商品も販売する。

☎0237-44-2881 住東根市観音寺2134-8 時9～16時※フルーツにより異なる 休期間中無休※要問合せ 交JR東根駅から車で13分 P30台 MAP P102B4

桃狩りは60分1800円～。8月上旬～9月中旬に体験できる



※体験可能期間、品種などは気象条件などで変わる場合がありますので、おでかけ前に必ずご確認ください。料金は品種・時期などにより異なります。

### 「佐藤錦」ヒストリー

“さくらんぼの王様”と称される佐藤錦。酸味が強く日持ちする「ナポレオン」と甘く保存が難しい「黄玉」を交配した品種で、大正時代、東根市の佐藤栄助氏が15年余りをかけ開発した。

いちごまる いちごえん

## 15〇 いちごえん

### 広々ハウスでイチゴ狩り

鈴木農園が営むイチゴ狩り施設。広さ約1700㎡のハウスで、甘く実ったイチゴをたっぷり味わえる（60分2200円、予約優先）。リンゴやラ・フランスなど鈴木農園の果物を使ったお菓子やジャムも販売。

☎0237-53-1915 住東根市野川向原2501 🕒3月上旬～5月中旬の10～12時、13～15時 休月・金曜 交JR神町駅から車で12分 P25台 MAP P102B4

※料金は変更の場合あり

1 ハウス内はイチゴの風船が吊るされ、写真映えもばっちり 2 無添加のジャムは650円～ 3 1万株以上のとちおとめを栽培

こーひーやおおもり

## コーヒー屋おおもり

### フルーツたっぷりのワッフル

ログハウス風の喫茶店。フレンチトーストやワッフルなどスイーツが充実。ワッフルふるもりはサクランボ、ラ・フランスなど東根産の果物がのった人気メニュー。種類豊富な自家焙煎のコーヒーもおすすめ。

☎0237-43-0658 住東根市さくらんぼ駅前3-4-1 🕒10～21時 休水曜 交JRさくらんぼ東根駅から徒歩4分 P8台 MAP P102B3

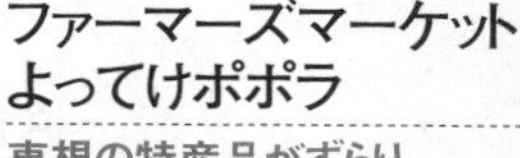

ふぁーまーずまーけっとよってけぽぽら

## ファーマーズマーケット よってけポポラ

### 東根の特産品がずらり

「ポポラ」はイタリア語で「みんなが集まる場所」という意味。地元でとれた旬の野菜やフルーツ、加工品などが豊富に並ぶ直売所。

☎0237-41-0288 住東根市中央東3-7-16 🕒9時30分～17時30分（6～11月は9時～）休 臨時休業あり 交JRさくらんぼ東根駅から車で7分 P300台 MAP P102B3

毎朝とれたての野菜やフルーツが売り場を埋め尽くす

ことぶきや じゅこうぐら

## 壽屋 寿香蔵

### 食品添加物を使用しない漬物作り

東根市で保存食として受け継がれてきた漬物を、食品添加物を一切使用せずに製造・販売。サクランボの甘漬けなど、オリジナルの漬物が豊富に揃う。

☎0120-42-0173 住東根市東根本町6-36 🕒9時30分～18時30分 休無休 交JRさくらんぼ東根駅から車で7分 P40台 MAP P102B3

甘酸っぱいサクランボの風味を生かしシロップ漬にした、やさしいさくらんぼ初恋の味甘漬432円

1 天井が高く居心地のよい空間 2 香り高く深みのあるコーヒーをスイーツとともに 3 名物のワッフルふるもり680円

さくらんぼ東根温泉には日帰り温泉施設もあり、あったまりの湯を気軽に楽しめます。

# 風情に満ちた最上峡を満喫！ゆるりと楽しむ舟下り＆ドライブ

最上川中域に広がる峡谷「最上峡」は、最上川のなかでも特に美しいといわれる場所。観光船から雄大な景色を眺めた後は、神秘の巨木に会いに行きましょう。

▲舟下りの所要時間は約1時間。白糸の滝などみどころが多い

所要時間
約5時間

**モデルコース**

東北中央自動車道
新庄ICから車で20分

1 最上峡芭蕉ライン観光舟下り

降船場から徒歩8分

2 パーラー白糸の滝

車で30分

3 小杉の大杉

車で30分

4 もがみ物産館

JR新庄駅まですぐ

## 1 最上峡芭蕉ライン観光舟下り（もがみきょうばしょうらいんかんこうふなくだり）

### 船頭の舟歌を聞きながら渓谷美を眺められる

戸澤藩船番所から川の駅 最上峡くさなぎまで、約12㎞の最上峡谷を下るコース。山形名物を盛り込んだ弁当を楽しめるプランは3日前までに要予約。通年運航しており、新緑、紅葉、冬景色と四季折々の風景を楽しめる。

▲かつての船番所を再現した戸澤藩船番所で受付を

▲船内で味わえる竹かご弁当1500円、最上川おしん弁当1800円（要予約）

☎0233-72-2001 住戸沢村古口86-1 ¥乗船2800円～（食事付などは要問合せ）🕒9時50分～14時50分の間に現在2～6便（季節・曜日により変動あり、要問合せ）休無休（水位・天候で運休あり）交JR古口駅から徒歩6分 P200台※降船場から出発地への帰路は路線バス（15分410円）か車両回送（予約制1台2850円）を利用 MAP P103C2

大自然の息吹を体感できる「幻想の森」へ

土湯杉（神代杉）の群生地「幻想の森」。樹齢1000年以上と推定される木も多く、さまざまな形の巨木がそびえる。
☎0233-72-2110（戸沢村観光物産協会）MAP P103A2 ※11月中旬～5月中旬は積雪のため通行不可

## 2 パーラー白糸の滝
ぱーらーしらいとのたき

### 名瀑を望むレトロな喫茶店

白糸の滝ドライブインにある喫茶店で、日本の滝百選にも選ばれた白糸の滝を眺めながら食事ができる。自家製プリン・アラモード850円や米の娘ぶたの生姜焼きセット1430円など、スイーツもフードも多彩。

☎0234-57-2146 住戸沢村古口土湯1495-1 ⏰10時30分～15時（土・日曜、祝日は～16時）休水曜、月2回程度の不定休 交JR高屋駅から車で5分 P120台 MAP P103A2

◀自家製プリン・アラモードは昔懐かしい味わい

◀店内から最上峡を一望できる

## 3 小杉の大杉
こすぎのおおすぎ

### "トトロの木"として愛される巨木

樹齢約1000年、樹高20m、根回り6.3mもの巨木。一本杉だが、幹が大きく2つに分かれて芯が2本あることから、夫婦杉や縁結びの杉とよばれる。アニメ『となりのトトロ』のキャラクターのように見えることでも有名。

☎0233-55-2111（鮭川村役場内村観光協会）住鮭川村曲川113-2 ¥⏰休散策自由 交JR新庄駅から車で30分 P8台 MAP P103C1

▲木の根元には山神を祭る祠がある

## 4 もがみ物産館
もがみぶっさんかん

### 最上・新庄のおみやげ選びに最適

新庄駅に併設している最上広域交流センター「ゆめりあ」内にある物産館。最上地域の銘菓や加工品、地酒、工芸品などが集まる。なかでも、くじらもちや鶏のもつ煮など、郷土色あふれるおみやげはマストバイ。

☎0233-28-8886 住新庄市多門町1-2 ⏰8時30分～18時30分 休無休 交JR新庄駅からすぐ P1000台（新庄駅東口駐車場）、74台（新庄駅北駐車場）MAP 折込裏C2

▲観光案内センターやレストランなども入る最上広域交流センター「ゆめりあ」

▶とりもつ煮702円。地元ではラーメンの具としても使われる

舟下り乗船場から車で10分の「道の駅とざわ 高麗館」は韓流がテーマの道の駅。韓国料理やチマチョゴリ体験も楽しめます。

ココにも行きたい

# 銀山温泉・天童のおすすめスポット

銀山温泉

## そば処 酒処 伊豆の華
そばどころ さけどころ いずのはな

**風味豊かな地元産そば**

尾花沢産のそば粉・最上早生を使って毎日手打ちする外一そばは、甘みと香り豊かでのど越し抜群。一番人気は揚げナスおろし蕎麦1430円。オリジナル蕎麦ソフトクリーム660円もある。DATA ☎0237-28-2036 住尾花沢市銀山新畑440 ⏰11時～17時30分LO 休水曜（祝日の場合は営業）、ほか臨時休業あり 交バス停銀山温泉から徒歩5分 P銀山温泉共同駐車場利用30台 MAP P102C4

銀山温泉

## 野川とうふや
のがわとうふや

**創業以来愛される豆腐を堪能**

銀山川から流れる新鮮な水と山形県産の大豆で作る木綿豆腐を販売する老舗。自家製醤油ダレをかけた立ち食い豆腐230円や立ち食い生揚げ250円は、散策のおともにぴったり。夏期限定の立ち食い豆腐てん250円も絶品。DATA ☎0237-28-2494 住尾花沢市銀山新畑427 ⏰9時～売り切れ次第終了 休不定休 交バス停銀山温泉から徒歩5分 P銀山温泉共同駐車場利用30台 MAP P102C4

天童

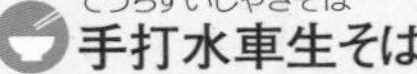

## 手打水車生そば
てうちすいしゃきそば

**江戸時代から受け継ぐこだわりの製法**

文久元年（1861）創業の老舗。国産の玄そばを昔ながらの水車と石臼で自家製粉しており、そば本来の味と香りが楽しめる。名物は「板そば」1700円。そばに使う和風だしと鶏肉を使った「鳥中華」870円は、まかないから生まれた人気メニュー。DATA ☎023-653-2576 住天童市鎌田本町1-3-26 ⏰11～23時 休無休 交バス停天童温泉からすぐ P80台 MAP P103B3

天童

## 栄春堂
えいしゅんどう

**長い歴史をもつ将棋駒の実演販売所**

年月を重ねた木造の建物が趣深い老舗。店内では彫師が実際に将棋駒を彫る様子を見学できる。歴史資料の展示のほか、将棋駒をモチーフにしたさまざまなおみやげも販売。飾り駒の書き駒体験も楽しめる（1200円。要予約、所要約15分）。DATA ☎023-653-2843 住天童市鎌田本町1-3-28 ⏰9～17時 休不定休 交バス停天童温泉からすぐ P7台 MAP P103B3

天童

## 腰掛庵
こしかけあん

**ふわとろ食感の絶品わらびもち**

看板メニューはプルンプルンの食感が人気のわらびもち。持ち帰り小箱750円、大箱1500円で、わらびもちの甘みと深煎りしたきな粉の香ばしさがよく合う。冬期限定のいちごわらびもファンが多い。DATA ☎023-654-8056 住天童市北目1-6-11 ⏰9時30分～17時※なくなり次第終了 休月曜（祝日の場合は水曜） 交JR天童駅から徒歩13分 P15台 MAP P102B4

東根

## 奥山製麸所
おくやませいふじょ

**約100種もの多彩な麩製品を販売**

伝統の六田麩（ろくたふ）や麩加工品などを製造・販売。生麩や焼き麩のほか、麩まんじゅう810円（5個入り）などの麩菓子、野菜と麩を昆布で巻いた醤油風味の昆麩巻（こぶま）き600円（1本入り）などの麩総菜まで豊富にラインナップ。DATA ☎0237-42-0157 住東根市六田2-5-24 ⏰8～19時 休無休 交JRさくらんぼ東根駅から車で5分 P20台 MAP P102B3

## 天童で味わうプチ贅沢！ 魅惑のフルーツスイーツ

観光果樹園や果物店で、フレッシュなフルーツが主役の甘～いスイーツを楽しんで。

### フルッティア
ふるってぃあ

**旬の果物を贅沢にトッピング！**

地元果物店が営むスイーツ店。店主選りすぐりの新鮮フルーツをたっぷりのせたパフェのほか、おみやげにもなる瓶詰のフルーツポンチなどがある。DATA ☎023-653-6651 住天童市三日町1-4-2 ⏰10時～17時50分LO 休月曜 交JR天童駅から徒歩5分 P5台 MAP P103A4

### oh! show! cafe
おう! しょう! かふぇ

**とれたてフルーツを存分に味わえる**

王将果樹園が営むカフェ。旬の果物を美しく盛り付けたボリューム満点のパフェが人気。ショップも併設する。DATA ☎0120-15-0440 住天童市川原子1303 ⏰9時～15時30分LO（売店は～16時） 休7月中旬～8月上旬、11月下旬～5月中旬 交JR天童駅から車で15分 P50台 MAP P102B4

### Fruits cafe Rulave
ふるーつ かふぇ るれーヴ

**上質なサクランボをスイーツで**

ナカノフルーツに併設。サクランボや季節の果物を使用したパフェやシェイクなど、見た目もかわいいスイーツを提供する。DATA ☎023-656-2775 住天童市川原子1784-5 ⏰9時30分～16時（15時30分LO） 休6月無休、7～10月水曜、11～5月休業 交JR天童駅から車で15分 P100台 MAP P102B4

# 歴史が息づく米沢・高畠で
# 名所めぐりや美食・銘酒を満喫

上杉家のお膝元として繁栄した米沢には、
戦国武将とゆかりの深い名所や旧跡があちらこちらに。
歴史さんぽの後は、名物の米沢牛を堪能しましょう。
自然豊かな高畠では、ワイナリー見学も楽しめます。

### 上杉謙信を祀る上杉神社にお参りを

神社周辺は松が岬（まつがさき）公園として整備され、上杉謙信・景勝・鷹山、景勝を支えた忠臣・直江兼続の像が立つ。

▲フルーツパフェやパンケーキなどで癒やしの時間を

これしよう！

### 上質な米沢牛を本場で食べたい！

上品なうま味と適度な脂身の米沢牛をすき焼や焼肉など多彩な料理で堪能。

これしよう！

### 地元産ブドウで造るワインをおみやげに

見学やショッピングを楽しめる高畠ワイナリーで、人気のワインをゲット！

◀米沢八湯（☞P72）には絶景露天の宿など多彩な宿が点在

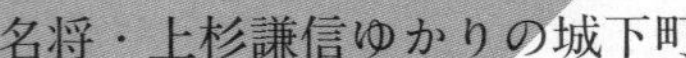

名将・上杉謙信ゆかりの城下町

# 米沢・高畠

よねざわ・たかはた

こんなところ

かつて米沢藩上杉家の居城があり、城下町として栄えた米沢市。現在、本丸跡には上杉神社、二の丸跡には伝国の杜 米沢市上杉博物館がある。米沢牛や米沢ラーメンなど、ご当地グルメも充実。米沢市に隣接する高畠町はブドウの産地で、東北最大級の規模を誇る高畠ワイナリーを見学できる。

access

東京駅から米沢駅へは山形新幹線つばさで2時間8分、高畠駅へは2時間17分。米沢駅から高畠駅へはJR奥羽本線で9分。

問合せ
☎0238-22-5111
米沢市観光課
☎0238-21-6226
米沢観光コンベンション協会
☎0238-57-3844
高畠町観光協会
☎0238-24-2965
置賜広域観光案内センター ASK
MAP P104、折込表

# ～米沢・高畠 はやわかりMAP～

おすすめコースは
**5時間**

山形新幹線で高畠へ向かい、まずは高畠ワイナリーを見学。その後、米沢へ移動して歴史散策を楽しんで。ランチは地元ブランド肉「米沢牛」で決まり！ 宿泊は名湯・秘湯が集まる米沢八湯で。

スタート JR高畠駅
▶徒歩10分
1 見学 高畠ワイナリー
▶徒歩15分＋電車10分
2 食べる 米澤牛DINING べこや
▶バスで9分＋徒歩8分
3 見学 上杉神社
▶徒歩3分
4 見学 伝国の杜 米沢市上杉博物館
▶徒歩3分
5 カフェ 和庭
▶徒歩5分＋バスで13分
ゴール JR米沢駅

# 上杉家ゆかりの名所をぐるり 米沢で城下町さんぽ

上杉家の城下町として知られる米沢には、戦国武将に関する史跡が点在。神社や博物館、文化財などを見て回り、歴史ロマンに浸る旅へ。

## 1 上杉神社（うえすぎじんじゃ）

### 名将・上杉謙信を祀る 米沢観光の必見スポット

明治9年（1876）に米沢城の本丸跡に建てられた神社で、上杉謙信を祀る。敷地内には謙信・景勝・鷹山の遺品である甲冑、刀剣、服飾、絵画、古文書など、貴重な文化財を所蔵・展示する稽照殿もある。本丸東南角の謙信の遺骸を安置した御堂は、神社の起源となった。

☎0238-22-3189 住米沢市丸の内1-4-13 ¥参拝自由（稽照殿は拝観700円）🕒6～17時（11～3月は7時～）、稽照殿9時30分～16時（最終入館15時45分）休無休（稽照殿は11月26日～3月下旬休館）交バス停上杉神社前から徒歩5分 Pおまつり広場駐車場を利用 MAP折込表A5

▲「毘」と書かれた上杉軍の軍旗が参道に飾られている

▶上杉鷹山の御守り700円は上杉神社でのみ授与される

▲現在の本殿は、明治神宮の設計者として知られる伊東忠太が建築

徒歩3分

## 2 伝国の杜 米沢市上杉博物館（でんこくのもり よねざわしうえすぎはくぶつかん）

### 米沢藩や上杉氏に関する資料を数多く収蔵

国宝『上杉本洛中洛外図屏風』に描かれた風景を再現したCG映像をはじめ、上杉鷹山の改革を紹介する「鷹山シアター」、鉄砲隊になりきれるシューティングゲーム、書状を送る際の封の折り方を体験できるコーナーなどがあり、米沢の歴史を楽しく学べる。

☎0238-26-8001 住米沢市丸の内1-2-1 ¥入館410円（企画展別途）🕒9～17時（最終入館16時30分）休第4水曜（12～3月は月曜、祝日の場合は翌平日）交バス停上杉神社前から徒歩2分 P120台 MAP折込表A5

▶藩政時代の暮らしを再現したジオラマ

徒歩3分

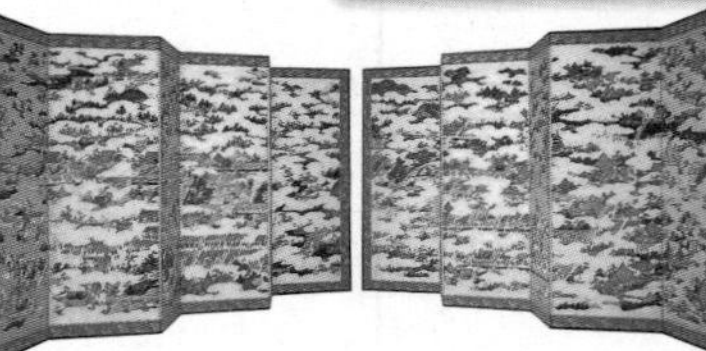

▲織田信長から上杉謙信に贈られたとされる国宝『上杉本洛中洛外図屏風』の原本は期間限定で公開

▶鯉料理や鮭を使った塩引寿司など米沢名物が並ぶ雪の膳2750円

▲入母屋造の邸宅は大正14年(1925)の建築

## 3 うえすぎはくしゃくてい 上杉伯爵邸

**格式ある邸内で伝統料理のランチを堪能**

第14代当主・茂憲(もちのり)伯爵の邸宅を利用した食事処。気品漂う総檜造りの建物は、国の有形文化財に登録されている。冷汁など上杉家に伝わる料理が並ぶ御膳のほか、米沢牛の一品料理を味わえる。

☎0238-21-5121 住米沢市丸の内1-3-60 ⏰11～14時（14時以降は要予約）休水曜 交バス停上杉神社前から徒歩5分 P20台 MAP折込表A5

徒歩すぐ

徒歩3分

## 5 うえすぎじょうしえん 上杉城史苑

**米沢の歴史を感じるおみやげをゲット**

▲起き上がり人形上杉1個550円

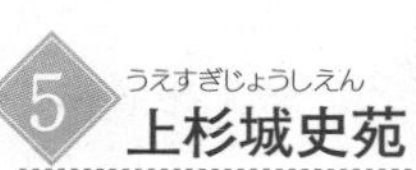

物産フロアやレストラン、デリカショップ、ベーカリーなどが入る観光物産館。米沢エリアを中心に山形県の特産品が豊富に揃い、おみやげ探しにぴったり。銘菓や米沢牛、伝統工芸品、オリジナルアイテムなどが充実している。

▲上杉神社前にあり、多くの観光客が集まるスポット

☎0238-23-0700 住米沢市丸の内1-1-22 ⏰9時30分～17時30分 休無休 交バス停上杉神社前からすぐ P150台 MAP折込表A5

徒歩10分

**春は「米沢上杉まつり」へ**

毎年4月29日～5月3日に開催され、上杉謙信が出陣の際に行ったと伝わる武禘式（ぶていしき）などを見られる。なかでも最終日の川中島合戦の再現は迫力満点。

☎0238-22-9607（米沢四季のまつり委員会）MAP折込表B6

## 4 なごみてい 和庭

**和風カフェのスイーツや着付け体験もチェック！**

▲着付け体験はワンドリンク付きで5000円（当日受付は5300円）

上杉伯爵邸の正門横にあるカフェで、抹茶のドリンク、山形米「つや姫」を使ったジェラート、華やかな和風パフェなどを提供している。米沢織の着物や甲冑の着付け体験も可能。着物姿で散策を楽しむこともできる。

◀殿様からのごほうび720円

☎0238-21-5121（上杉伯爵邸）住米沢市丸の内1-3-60 ⏰10～16時 休水曜、12～3月 交バス停上杉神社前から徒歩5分 P20台 MAP折込表A5

## 6 しゅぞうしりょうかん とうこうのさかぐら 酒造資料館 東光の酒蔵

**日本酒「東光」の歴史と明治・大正の酒蔵を体感できる**

▲東光 純米大吟醸 雪女神720㎖ 3465円

安土桃山時代に創業した老舗酒蔵。米沢藩上杉家御用酒屋を務めた醸造元・小嶋総本店の資料館で、酒造りの道具などを見られる。直営店では、東光の酒蔵限定酒や高級酒を試飲可能（有料）。

☎0238-21-6601 住米沢市大町2-3-22 ¥入館350円 ⏰9時～16時30分 休無休（1～3月は火曜）交バス停大町一丁目からすぐ P30台 MAP折込表B6

▶420余年の歴史を体感できる



上杉神社と堀を隔てた東側には上杉景勝や鷹山、直江兼続ら六柱を祀る「松岬神社」があります。

# とろける霜降り肉を味わい尽くす 米沢牛の名店で至福の時間を

全国的に有名な黒毛和牛の最高峰・米沢牛。本場の米沢では、鍋やステーキ、焼肉など、多彩な料理で提供。とろけるブランド肉は思わずうなるおいしさです。

**特撰米沢牛しゃぶしゃぶ 1人前7700円**
美しいサシの入った肉を贅沢にも分厚くカット。口どけのよさと上品な甘みを堪能できる。1人前は120g。小鉢、野菜盛り、きしめん、餅付き

よしてい

## 吉亭

### 日本庭園を眺めながら 極上の霜降り肉を堪能

大正8年(1919)に建てられた旧吉澤邸の屋敷で食事ができる

登録有形文化財の米沢織の織元屋敷を活用した料亭で、極厚ロース肉のしゃぶしゃぶが名物。そのほか、和風ステーキ3080円（ランチ）などもあり、厳選した霜降り牛のうま味を満喫できる。

☎0238-23-1128 住米沢市門東町1-3-46 ⏰11時30分～13時30分LO、17時30分～19時30分LO(17時30分以降は要予約) 休水曜 交バス停城南一丁目からすぐ P40台 MAP折込表A6

**ステーキ 松（200g）7000円**
目利きの店主が厳選した米沢牛ロースはとろける味わい。味噌汁とグラスワインまたはライスが付く

よねざわぎゅうあじどころ みーとぴあ

## 米沢牛味処 ミートピア

### 肉のプロが厳選した 最高級の米沢牛を存分に

アットホームな雰囲気の店内。座敷席もある

昭和23年（1948）から続く精肉店・扇屋が営む食事処。独自の低温熟成でうま味を引き出した米沢牛をさまざまな料理で楽しめる。すき焼3850円～やしゃぶしゃぶ3850円～、ビーフカツ1850円も人気。

☎0238-21-0377 住米沢市中央1-11-9 2階 ⏰11時～20時30分LO 休日曜（連休の場合は連休最終日）交JR米沢駅から車で8分 P契約駐車場利用 MAP折込表B5

### 米沢牛の駅弁を持ち帰り

明治32年（1899）から続く老舗「松川弁当店」では、米沢牛や鯉など、地元の特産品を使った駅弁を販売。米沢牛炭火焼特上カルビ弁当1890円がおすすめ。
☎0238-23-0725 MAP折込表B5

**米沢牛満喫膳 5500円**
米沢牛上カルビやビーフシチュー、米沢牛しゃぶしゃぶの握り寿司などすべてに米沢牛を使用した贅沢なセット。ランチのみの提供

よねざわぎゅうだいにんぐ べこや

## 米澤牛DINING べこや

### バラエティ豊かな米沢牛グルメに舌鼓

古民家を移築した趣ある雰囲気の店内

肉のカッティングなど、細部にまでこだわった米沢牛メニューが揃う。炭火焼肉コーナーや、シェフの調理シーンを見られるカウンターなど、メニューごとに席が分かれている。米沢牛ランチは、掘りごたつの席で楽しめる。

☎0238-24-2788 住米沢市東3-2-34 🕒11時15分～14時LO（土・日曜、祝日は～14時30分LO）、17時～20時30分LO 休12月31日夜 交JR米沢駅から徒歩3分 P11台 MAP折込表B5

**米沢牛特上カルビ 1人前3189円**
肉厚なカルビは、噛むほどにジューシーな味わいがたまらない。好みの焼き加減で米沢牛を楽しもう（写真は2人前）

よねざわぎゅう・やきにく さかの

## 米沢牛・焼肉 さかの

### 米沢牛専門店の最高級肉を焼肉で

リニューアルして家族で利用できる個室席などが充実している

精肉店直営の焼肉店で、上質な米沢牛と豊富な品揃えが評判。牛一頭を仕入れているため、さまざまな部位を味わえる。米沢牛鉄板焼き1518円（土・日曜、祝日は1628円）など、手頃な値段のランチも人気。

☎0238-26-4829 住米沢市中央3-4-21 🕒11時30分～14時LO、17～21時LO 休火曜 交JR米沢駅から市街地循環バス（左回り）で5分、ナセBA前下車、徒歩5分 P35台 MAP折込表B5

「道の駅 米沢」には、長さ50cmものロング押し寿司「米沢牛ユッケ寿司」4180円があります。

# 人気メニューでほっとひと息 とっておきのカフェ&レストラン

米沢観光の立ち寄りにおすすめのカフェ&レストランをピックアップ。ハンバーガーやパフェ、パンケーキ……。気分に合わせて選んでみては。

洋なしとホットカスタードのパンケーキ…1300円
プレミアムたまごで作ったカスタードクリームがたっぷり!

うふ うふ がーでん
## ufu uhu garden

### 地元養鶏場直営のカフェ

米沢の養鶏場「山田ガーデンファーム」から届く朝どれの卵を使用したメニューを楽しめる。たまごかけごはんやオムライスのほか、パンケーキやロールケーキなどスイーツも充実。新鮮な卵やオリジナルグッズも買える。

☎0238-39-4040 住米沢市赤芝町1627-1 ⏰10時～15時30分LO 休火曜、第1・3・5水曜 交JR米沢駅から車で20分 P40台 MAP P104B2

窓が大きく、明るく開放的な店内

こちらもおすすめ

「たまごや」の贅沢たまごかけごはん御膳 980円

にんにく醤油漬けの卵黄、だし巻き卵と鶏そぼろ、おみ漬けなどが付く

よねざわすてーき あんど びすとろ ひこうせん
## 米澤Steak&Bistro 飛行船

### 米沢牛ハンバーガーが評判

米沢牛や山形牛など、山形県産の上質な肉を使った洋食メニューが豊富に揃う。米沢牛100%のハンバーガーや、とろとろオムライス&山形牛ビーフシチューソースなど、オリジナルメニューは要チェック。

ブランコ席など、遊び心のある店内

☎0238-24-1848 住米沢市城西1-5-56 ⏰11～15時(14時30分LO)、土・日曜、祝日は17時30分～21時(20時30分LO)も営業 休不定休 交バス停御廟所西口から徒歩8分 P30台 MAP 折込表A5

こちらもおすすめ

とろとろオムライス&米沢牛ハンバーグプレート 2420円

オムライス、米沢牛ハンバーグ、ソーセージ、鶏唐揚げが一皿に

ゴルゴンゾーラチーズのせ米沢牛ハンバーガー…2090円
米沢牛のパティ150gとパンチェッタ、淡路島直送のタマネギなどが入る

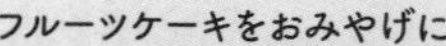

### フルーツケーキをおみやげに

新鮮で良質な果物を提供する「喜多屋果実店」では、旬の地元産フルーツを取り入れて作るスイーツも自慢。フルーツケーキは700〜800円。テイクアウトのみ。

☎0238-23-5315 MAP折込表B5

ふるーつしょっぷ きよか

## フルーツショップ キヨカ

**季節の果物をパフェで堪能**

果物店直営のフルーツパーラー。人気は、その日のおすすめの果物が10種類以上のるフルーツパフェ。果物はすべて大きくカットされ、食べごたえ十分。常時約12種揃うジェラート400円（シングル）も販売。

☎0238-23-1203 住米沢市金池2-7-2 ⏰10時〜18時30分 休火曜（祝日の場合は営業）※カフェ：1・2月は土・日曜、祝日のみ営業 交バス停中央3丁目から徒歩5分 P30台 MAP折込表B5

1階にフルーツショップ、2階にカフェがある

こちらもおすすめ

**サクランボパフェ 1950円**

（5月上旬〜中旬限定）

サクランボと甘さを抑えたソフトクリームの組み合わせ。食べやすいサイズ

フルーツパフェ …1950円
（7・8月は販売休止）
パフェの果物は注文を受けてからカットするため、みずみずしい

抹茶ジェラートセレクション …980円
3種類の濃さの抹茶を楽しめる。そのほか、抹茶のパフェやケーキも人気

和モダンな店内で、ゆっくり過ごせる

さくら よねざわてん

## 茶蔵 米沢店

**老舗茶舗が手がける和カフェ**

創業100余年の老舗茶舗・桑名園本店がプロデュースするカフェ。抹茶や日本茶をベースにした種類豊富なスイーツやランチなどを楽しめる。併設のショップには、お茶や菓子、雑貨などが並ぶ。

☎0238-37-1772 住米沢市金池5-6-33 ⏰10〜18時 休水曜（祝日の場合は営業）交バス停米沢市役所前から徒歩5分 P20台 MAP折込表B5

こちらもおすすめ

**チーズがよく合う味噌パスタ 1210円**

パスタや米沢牛ビーフプレートなどランチも提供（14時30分まで）。スープ、サラダ付き

「鷹山堂 Fabric & Coffee」(☞P76)では、素敵な店内で自家焙煎コーヒーや焼きたてのワッフルなどを味わえます。

# 個性豊かな名湯が点在 米沢八湯でのんびりと

米沢市郊外に湧き出る「米沢八湯」から厳選。
温泉ファンに人気の宿で、歴史ある湯を存分に！

**米沢八湯とは？**

米沢市の南部、吾妻山麓に湧き出る名湯・秘湯の総称で、絶景露天の宿やオーベルジュ、2人客専用の宿など個性派揃い。日帰り利用可能な宿もあり、湯めぐりを楽しめる。

姥湯温泉

ますがたや

## 桝形屋

### 荒々しい岩峰に囲まれた 山あいにたたずむ秘湯

天文2年（1533）開湯と伝わる姥湯温泉は、県内で最も標高が高い温泉。標高1300mの奥深い谷間に位置し、ブナなどの原生林に囲まれている。むき出しの岩石を組んだ混浴露天風呂が名物で、奇岩がそびえ立つ雄大な自然を眺めながらの湯浴みは格別だ。

☎090-7797-5934 住米沢市大沢姥湯1 ⓛIN15時／OUT10時 休11月上旬～4月25日頃 交JR米沢駅から奥羽本線で17分、峠駅下車、車で30分（宿泊者のみ送迎あり※要予約）P40台 室全13室 ●泉質：単純酸性硫黄泉 ●風呂：内湯男女各1 露天女1、混浴2 貸切なし MAP P104C4

**1泊2食付料金**

✣平　日1万5500円～
✣休前日1万6500円～

日帰り入浴

¥700円 ⓛ9時30分～15時30分
休不定休

1 荒々しい岩場に囲まれた、野趣あふれる混浴露天風呂 2 奥深い山あいに立つ素朴な宿 3 宿泊者専用の内風呂は檜造り

大平温泉

たきみや

## 滝見屋

### 平安前期の発見と伝わる 渓谷に湧き出る秘湯

最上川源流に位置し、駐車場から山道を20分ほど歩いた吊橋の先にある。周囲を峡谷、断崖に囲まれた一軒宿で、露天風呂は開放感たっぷり。内湯からは、大きな石の間を水が流れる火焔の滝を望める。

☎0238-38-3360（予約・案内）住米沢市李山12127 ⓛIN14時／OUT10時 休11月上旬～4月下旬 交JR米沢駅から車で50分（宿泊者のみ送迎あり※要予約）、駐車場からは徒歩20分 P10台 室全14室 ●泉質：カルシウム- 硫黄塩泉 ●風呂：内湯男女各1 露天男女各1 貸切1 MAP P104B3

**1泊2食付料金**

✣平　日1万5330円～
✣休前日1万6430円～

日帰り入浴

休止中

1 自然石を積み上げたワイルドな露天風呂 2 標高1060mの渓谷に湧く温泉



源泉かけ流し　部屋食　エステあり　禁煙ルームあり　大浴場あり　ひとり宿泊OK

滑川温泉

ふくしまや
## 福島屋

**温泉愛好家をうならせる
風情豊かな混浴露天風呂**

約530年前に発見された温泉で、湯治場として親しまれてきた一軒宿。渓流沿いにある混浴露天風呂はファンも多い。混浴の大浴場と女性専用風呂のほか、貸切利用できる檜風呂（要問合せ）もある。

☎0238-34-2250 住米沢市大沢15 ⏰IN14時／OUT10時 休11月上旬～4月下旬 交JR米沢駅から奥羽本線で17分、峠駅下車、車で15分（宿泊者のみ送迎あり※要予約）P20台 室全25室 ●泉質：硫酸塩泉 ●風呂：内湯女1、混浴1 露天混浴2 貸切1(要問合せ) MAP P104C3

1 前川を見下ろせる岩風呂。女性専用の時間帯もある 2 開放的な檜風呂は宿泊客に限り貸切も可

**1泊2食付料金**
- 平　日 1万3750円～
- 休前日 1万3750円～

日帰り入浴
¥600円 ⏰9～16時
休営業期間中無休

---

小野川温泉

ゆもり しょうみあん やまかわ
## 湯杜 匠味庵 山川

**小野川温泉の老舗宿で
かけ流しの湯を満喫**

温泉街の散策も楽しい小野川温泉で、100年以上の歴史を誇る老舗。夕食は温泉玉子で食べるすき焼きや、温泉で湯通しする源泉しゃぶしゃぶが人気。趣ある客室は和室のほか、洋室や和洋室もある。

☎0238-32-2811 住米沢市小野川町2436 ⏰IN15時／OUT10時 休不定休 交JR米沢駅から車で20分（送迎あり）P15台 室全30室 ●泉質：含硫黄-ナトリウム・カルシウム- 塩化物泉 ●風呂：内湯2（男女入替制）露天2（男女入替制）貸切なし MAP P104B2

1 岩風呂からは四季の移ろいを楽しめる
2 夕食は米沢牛や旬の食材を使った会席料理

**1泊2食付料金**
- 平　日 1万2000円～
- 休前日 1万5000円～

日帰り入浴
¥1000円 ⏰15～18時
休不定休

---

白布温泉

なかやべっかん ふどうかく
## 中屋別館 不動閣

**「米沢語り」も楽しめる
最上川と緑に抱かれた湯宿**

天元台高原の麓にある湯宿で、大正時代のレトロな建物や、男女合わせて横幅33mの浴槽「オリンピック風呂」が名物。星空観賞や本物の火縄銃を見ながら米沢の歴史を学ぶ「米沢語り」も体験できる。

☎0238-55-2121 住米沢市白布温泉関1514 ⏰IN15時／OUT10時 休不定休 交JR米沢駅から車で30分 P50台 室全28室 ●泉質：カルシウム- 硫酸塩泉 ●風呂：男女各1 男女各1 貸切なし MAP P104B3

1 窓から最上川源流渓谷が見えるオリンピック風呂
2 渓谷館の客室からは豊かな緑を望める

**1泊2食付料金**
- 平　日 1万1150円～
- 休前日 1万3350円～

日帰り入浴
¥700円～ ⏰13時30分～18時
休不定休



米沢八湯はほかに湯の沢温泉、新高湯温泉、五色温泉があります。

# フルーツの産地で銘酒を堪能！高畠ワイナリーで見学&みやげ探し

山々に囲まれた豊穣の地、高畠町はブドウ栽培も盛ん。
名作ワインを数多く世に送り出しているワイナリーへでかけてみませんか。

平成2年(1990)にオープン。山形県を代表するワイナリー

自社圃場では
シャルドネなどを栽培

たかはたわいなりー

## 高畠ワイナリー

**多くのワイン愛好家が訪れる観光ワイナリー**

種なしブドウ「デラウェア」の生産量日本一を誇る高畠町にあり、周囲の畑で栽培したブドウを中心に使ってワインを醸造。世界に通用するワインを目指し、年間約80万本ものワインを生産している。醸造工程の見学ができるほか、人気ワイン数種類の試飲、ショッピングも可能。

☎0238-40-1840 住高畠町糠野目2700-1 ¥見学無料(15人以上は要予約) ⏰9～17時(12～3月は10時～16時30分) 休無休（1～3月は水曜） 交JR高畠駅から徒歩10分 P500台 MAP P104B1

1 ワイン樽が並ぶ地下貯蔵蔵も見学できる 2 館内にはワインに関する資料が展示されている

## 多彩なイベントにも注目！

10月に行われる「ワイナリーハーベストフェスティバル」のほか、春祭りや見学ツアーなどさまざまなイベントが行われている。開催日は公式サイトを要確認。

**嘉スパークリング シャルドネ**
**750mℓ 1988円**
高畠町産シャルドネ使用。華やかな香りとすっきりとした味わいが評判

**オリジナルコースター**
**各550円**
米沢織の織元「鷹山堂」（☞P76）とのコラボ商品。グリーンとワインレッドの2種

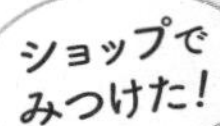

ショップでみつけた！

# 人気ワイン & オリジナル商品

ショップでは、自社製ワインはもちろん、食品や雑貨などのオリジナル商品も販売。季節限定品もチェックしよう。

**高畠クラシック シャルドネ**
**720mℓ 2263円**
選りすぐりのブドウで造った辛口ワイン。上品なアロマとうま味を堪能できる

**高畠クラシック メルロー&カベルネ**
**720mℓ 2263円**
高畠町産メルローを主体に、芳醇な香りと濃厚な味わいに仕上げたフルボディ

**赤ワイン仕立てのパスタソース**
**650円**
高畠町産トマトと自社製赤ワインを煮込んだソースは幅広い料理におすすめ

**オリジナル バームクーヘン**
**1620円**
白ワイン「高畠醸造ブラン」と山形県産つや姫の米粉を使ったオリジナル

## ドリンク & ソフトクリーム もチェック！

ごっつぉなーれたかはた
### ゴッツォナーレ高畠

限定ワインや受賞ワインなどを味わえる有料サーバーワインを設置。コーヒーやソフトドリンク、ピザなども販売している。
🕒10～16時

そふとくりーむしょっぷ
### ソフトクリームショップ

ワインを練り込んだ「まほろばの貴婦人ソフト」をはじめ、季節のフルーツを使ったソフトクリームを味わえる。🕒10時～16時30分（12～3月休業）

高畠ワイナリーから車で20分ほどの南陽市赤湯温泉でもワイナリーめぐりが楽しめます。

ココにも行きたい

# 米沢・高畠のおすすめスポット

米沢市

## 上杉家廟所
(うえすぎけびょうしょ)

**杉木立に囲まれて歴代藩主が眠る**

約400年前に景勝が逝去して以来、歴代藩主の墓所となってきた場所。明治9年（1876）には謙信の遺骸も米沢城からここに移され、現在の形になった。国指定史跡に登録されている。DATA☎0238-23-3115 住米沢市御廟1-5-30 ¥拝観500円 ⏰9～17時 休無休 交バス停御廟所西口から徒歩5分 P30台 MAP折込表A5

米沢市

## 熊文
(くまぶん)

**シンプルかつ深い味わいで地元客にも人気**

米沢ラーメンのなかでも指折りの有名店。中華そば700円は、創業当時から変わらない澄んだスープと極細ちぢれ麺の相性が抜群！ DATA☎0238-24-3522 住米沢市春日5-2-52 ⏰11～15時（土・日曜、祝日は～15時、16時30分～19時）休木曜、第3金曜（祝日の場合は変動あり、要問合せ）交JR米沢駅から車で10分 P15台 MAP折込表B4

米沢市

## 染織工房わくわく館
(せんしょくこうぼうわくわくかん)

**伝統工芸の体験を気軽に**

約200年受け継がれる、米沢織の作品を展示・販売。ハンカチやスカーフなど使いやすいアイテムも並ぶ。紅花染シルクスカーフ3300円など織物や染物の体験も（所要約40分、団体は要予約）。DATA☎0238-24-0268 住米沢市御廟1-2-37 ¥入館無料 ⏰9時30分～16時30分 休水曜（12～3月は水・日曜）交バス停御廟所西口から徒歩3分 P10台 MAP折込表A5

米沢市

## 米沢 琥珀堂
(よねざわ こはくどう)

**高品質な米沢牛をサクサクのコロッケで**

米沢牛肉や総菜を販売する（前日までに要予約、テイクアウトのみ）。すき焼風味の米沢牛コロッケ1個328円や米沢牛スペシャルメンチ1個638円が名物。米沢牛ステーキ弁当や米沢牛牛肉弁当など、弁当も豊富にラインナップ。DATA☎0238-21-7055 住米沢市門東町2-8-8 ⏰11～17時 休日曜 交バス停上杉神社前から徒歩5分 P7台 MAP折込表A5

米沢市

## おたまや
(おたまや)

**伝統製法で作る天然&無添加の味**

米沢に伝わる技を使った味噌や麹製品が揃う。レトロな雰囲気の店内では、麹の甘みとうま味が入った味噌を販売するほか、白麹味噌を使った白麹味噌チョコ350円なども販売。味噌ソフト200円も要チェック。DATA☎0238-23-1850 住米沢市城西4-7-33 ⏰9～17時 休水曜（冬期は第1・3日曜）交バス停御廟所西口から徒歩7分 P5台 MAP折込表A5

米沢市

## 鷹山堂 Fabric & Coffee
(ようざんどう ふぁぶりっく あんど こーひー)

**伝統工芸の米沢織をスタイリッシュに**

江戸時代から伝わる米沢織の織元が営むショップ。色糸で織った古典的な柄を、地元で企画・製造した現代的なデザインの商品が揃う。山形のみで販売するサクランボ柄のアイテムにも注目だ。カフェも併設している。DATA☎0238-33-9467 住米沢市赤芝町1754 ⏰9～17時（カフェは～16時30分）休火曜 交JR米沢駅から車で20分 P8台 MAP P104B2

高畠町

## 犬の宮・猫の宮
(いぬのみや・ねこのみや)

**全国でも珍しい犬と猫を祀る神社**

村を狙う悪狸を退治し命を落とした2匹の犬と、悪狸の怨念から村を守った猫の伝説にまつわる。犬の宮は安産と無病息災にご利益があるといわれ、猫の宮は蚕の神としての信仰が篤かった。ペットの健康祈願や供養のために訪れる人も多い。DATA☎0238-57-3844（高畠町観光協会）住高畠町高安 ¥⏰参拝自由 交JR高畠駅から車で10分 P40台 MAP P104C1

高畠町

## よねおりかんこうセンター
(よねおりかんこうせんたー)

**置賜地方のみやげやグルメが勢揃い**

地場野菜やフルーツ、山形県内の特産品、オリジナルのみやげなどが揃うショッピングエリアが充実。特に新鮮野菜は売り切れ必至の人気ぶりだ。米沢牛や手打ち十割そばが味わえる食事処も。DATA☎0238-57-2140 住高畠町福沢7-1072 ⏰9時～17時30分（12～3月は9時30分～17時）休無休 交JR高畠駅から車で10分 P100台 MAP P104B1

季節限定で出合える神秘的な絶景

## 白川湖の水没林
(しらかわこのすいぼつりん)

**3月下旬～5月中旬にだけ出現する春景色**

大量の雪解け水が湖に流れ込み、湖面から木が生えているように見える。DATA☎0238-86-2411（飯豊町観光協会）住飯豊町数馬 ¥⏰休見学自由 交JR手ノ子駅から車で20分 P白川ダム湖岸公園の駐車場利用（GW期間は有料）MAP P104A2

# 海と山に囲まれた人気エリア 鶴岡・酒田をおさんぽしましょう

江戸時代の栄華を物語る歴史的建造物が点在する鶴岡・酒田は歴史ロマンを感じながら散策を楽しめる人気のエリア。日本海のとれたて海の幸、滋味あふれる山の幸も豊富です。多彩な料理で魅力あふれる食文化を体感できます。

舟運で栄えた街で歴史と美食を体感

# 鶴岡・酒田

つるおか・さかた

こんなところ

庄内藩の城下町として栄えた鶴岡、北前船の寄港地として賑わった酒田には、歴史的建造物が点在する。日本海に面しているため、新鮮な魚介類を味わえるのも魅力。海鮮丼や寿司はもちろん、イタリアンやフレンチの名店もチェックしよう。足をのばせば、出羽三山や鳥海山など神秘的なスポットもある。

これしよう！

## 城下町・鶴岡のレトロ建築をめぐる

庄内藩14万石の城下町・鶴岡には藩政、明治、大正の建物が残る。写真は明治前期に建てられた旧鶴岡警察署庁舎(☞P82)。

これしよう！

## 名所が集まる港町・酒田をサイクリング

華やかな文化の薫りが残る酒田では、酒田屈指の名家・本間家の建物や酒田舞娘などを楽しみたい。

これしよう！

## 美食の街・庄内で絶品料理を味わおう

日本海に面し、雄大な山々に囲まれた庄内は、食材の宝庫。全国にもファンが多い人気店で味わい尽くそう。

▲80種類以上のクラゲを展示する鶴岡市立加茂水族館もマスト(☞P80)

◀話題の「SHONAI HOTEL SUIDEN TERRASSE」でくつろぎのステイ(☞P86)

a c c e s s

東京駅から鶴岡駅へは上越新幹線ときで約2時間、新潟駅で乗り換えてJR羽越本線特急いなほで約4時間。鶴岡駅から酒田駅へは特急いなほで約20分。

問合せ

☎0235-35-1301
鶴岡市観光物産課
☎0234-26-5759
酒田市交流観光課
☎0234-24-2233
酒田観光物産協会
MAP P105、折込表

# ～鶴岡・酒田 はやわかりMAP～

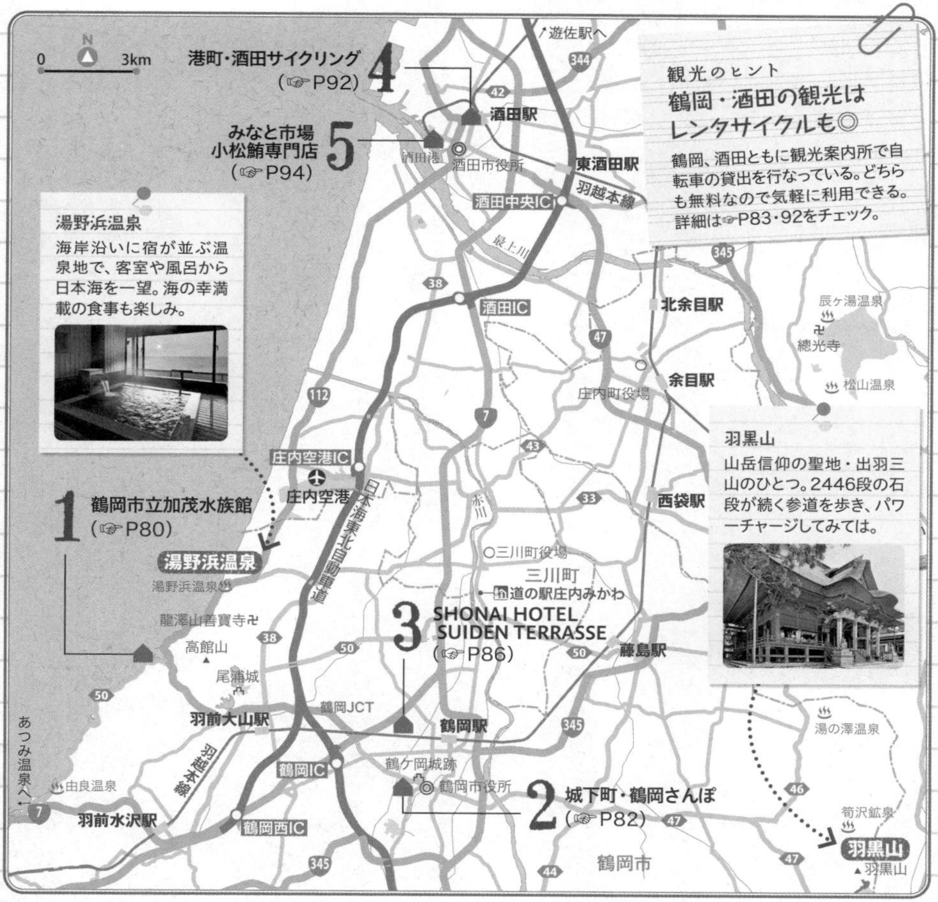

港町・酒田サイクリング 4
(☞P92)

みなと市場
小松鮪専門店 5
(☞P94)

1 鶴岡市立加茂水族館
(☞P80)

2 城下町・鶴岡さんぽ
(☞P82)

3 SHONAI HOTEL SUIDEN TERRASSE
(☞P86)

### 湯野浜温泉

海岸沿いに宿が並ぶ温泉地で、客室や風呂から日本海を一望。海の幸満載の食事も楽しみ。

### 観光のヒント
## 鶴岡・酒田の観光はレンタサイクルも◎

鶴岡、酒田ともに観光案内所で自転車の貸出を行なっている。どちらも無料なので気軽に利用できる。詳細は☞P83・92をチェック。

### 羽黒山

山岳信仰の聖地・出羽三山のひとつ。2446段の石段が続く参道を歩き、パワーチャージしてみては。

0 3km
遊佐駅へ
酒田駅
酒田港
酒田市役所
東酒田駅
羽越本線
酒田中央IC
最上川
酒田IC
北余目駅
辰ヶ湯温泉
總光寺
余目駅
松山温泉
庄内町役場
庄内空港IC
庄内空港
日本海東北自動車道
赤川
西袋駅
三川町役場
三川町
道の駅庄内みかわ
湯野浜温泉
龍澤山善寳寺
高館山
尾浦城
藤島駅
鶴岡JCT
羽前大山駅
鶴岡駅
湯の澤温泉
あつみ温泉へ
由良温泉
鶴岡IC
鶴ケ岡城跡
鶴岡市役所
羽前水沢駅
鶴岡西IC
筍沢鉱泉
羽黒山
鶴岡市



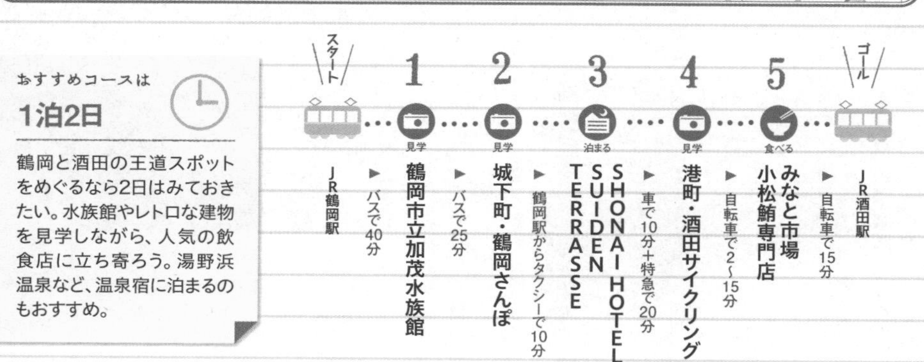

# 約1万匹のクラゲに感動！加茂水族館で幻想的な世界へ

世界最大級のクラゲの展示が魅力の加茂水族館で、
ふわふわ揺れるクラゲやキュートなアザラシたちに癒やされましょう。

つるおかしりつかもすいぞくかん
## 鶴岡市立加茂水族館

ゆっくりまわって約120分

### 世界最大規模を誇る約80種類のクラゲを展示

クラゲ専用展示室の「クラネタリウム」が人気の水族館で、クラゲの不思議について解説する展示やプログラムも話題。レストランでは、新鮮な魚介を使った料理のほか、クラゲを使ったオリジナルメニューも揃う。

☎0235-33-3036 住鶴岡市今泉大久保657-1 ¥入館1000円（2024年7月から1500円）⏰9〜17時（最終入館16時）休無休 交JR鶴岡駅から庄内交通バス加茂経由湯野浜温泉行きで40分、加茂水族館下車すぐ P500台 MAP P105A3

キレイ♪
### クラゲチューブ クラネタリウム

円柱形のクラゲ水槽が並ぶ。見る方向で水槽の雰囲気が変わり、さまざまなクラゲの姿を楽しめる。

かわいい♡
### ひれあしプール

ひれのような手足をした海獣「ひれあし類」を展示。くるくると泳いだり、のんびりしていたり、気ままに過ごす姿を見ることができる。

すごい！
### 庄内の淡水魚・海水魚

庄内浜をイメージした水槽があり、川から海へ、水の流れをたどるように庄内の魚について学べる。

**知識が深まる**
**体験イベントもいろいろ**

クラゲの生態について解説してくれる「クラゲのおはなし」やクラゲドリームシアター前で行われるコンサート「音楽の夕べ」など、イベントも人気。開催日や時間をチェックして参加しよう。

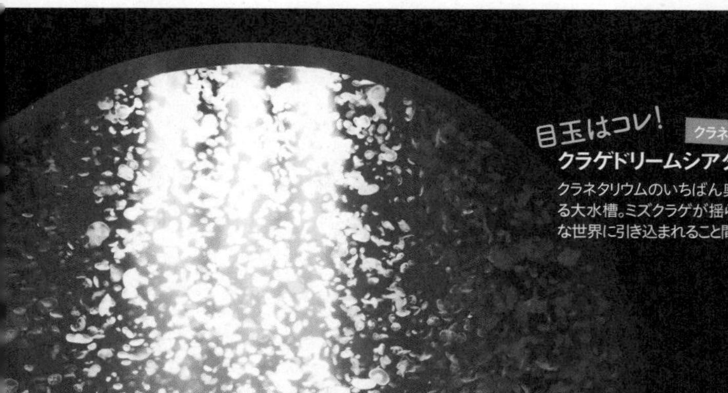

目玉はコレ!

クラネタリウム

**クラゲドリームシアター**

Kurage dream theater
クラゲドリームシアター

クラネタリウムのいちばん奥に待っている大水槽。ミズクラゲが揺らめく幻想的な世界に引き込まれること間違いなし!

深く知りたい!

**クラゲ栽培センター**

生まれたばかりのクラゲが成長していく過程を観察できる。虫めがねや拡大モニターで、小さなクラゲの世界をのぞいてみよう。

クラネタリウム

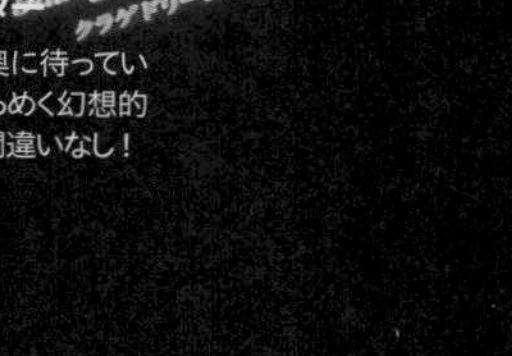

クラゲのグッズ&グルメもチェック!

**クラゲのぬいぐるみ**
1980円

▲飼育員のこだわりが詰まったリアルなクラゲのぬいぐるみ

▼庄内地方に伝わるおもちゃが入ったせんべい。水族館オリジナルパッケージ

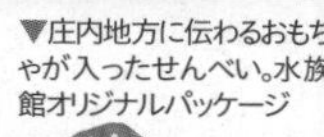

**からから煎餅**
650円

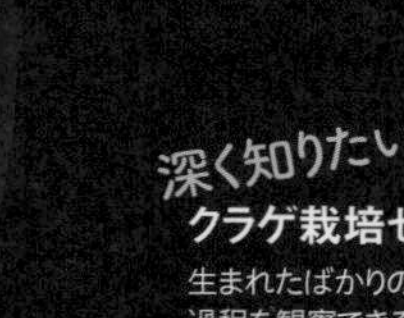

**クラゲラーメン**850円

▲姿クラゲ、中華クラゲ、キクラゲをトッピング。麺にもクラゲが練り込まれている

**クラゲアイス**各350円

▼刻みクラゲ入り。味は7種類から選べる

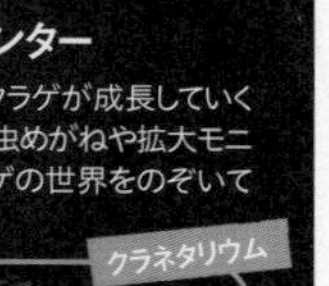

ゴマフアザラシとカリフォルニアアシカも水族館の人気者。見比べるのも楽しい!

# レトロな建物があちらこちらに 城下町・鶴岡で歴史さんぽ

江戸時代には庄内藩14万石の城下町として栄えた鶴岡。
藩政・明治・大正時代の建築物をめぐり、歴史に思いをはせてみませんか。

1 旧鶴岡警察署庁舎。外壁は創建時の水色に復原されている 2 兜造りの茅葺き屋根が特徴の旧渋谷家住宅 3 旧西田川郡役所は時計台が象徴的な擬洋風建築。2024年4月リニューアル 4 真っ白な下見板張りの外観と赤いドーム型の屋根が目を引く 5 当時の致道館で編集印刷した教科書や版木など、貴重な資料を公開している

1 2 3

## 致道博物館（ちどうはくぶつかん）

### 庄内の由緒ある建物を公開

庄内藩の御用屋敷だった場所に歴史的建造物が立つ。擬洋風建築の旧鶴岡警察署庁舎や旧西田川郡役所、湯殿山山麓の山村から移築した旧渋谷家住宅は国の重要文化財。庄内の暮らしについて学べる。

☎0235-22-1199 住鶴岡市家中新町10-18 ¥入館1000円 ⏰9時～16時30分（12～2月は～16時）休無休（2024年12月以降は水曜）交バス停致道博物館前からすぐ P30台 MAP折込表C5

▶徒歩5分

4

## 大寶館（たいほうかん）

### 鶴岡公園に立つ白亜の殿堂

大正天皇の即位を記念して大正4年（1915）に建てられた洋風建築で、かつては物産陳列場や市立図書館として利用されていた。現在は、鶴岡ゆかりの人物に関する資料などが展示されている。

☎0235-24-3266 住鶴岡市馬場町4-7（鶴岡公園内）¥入館無料 ⏰9時～16時30分 休水曜（祝日の場合は翌平日）交バス停鶴岡市役所前から徒歩3分 P周辺公共駐車場利用 MAP折込表C5

▶徒歩3分

5

## 庄内藩校致道館（しょうないはんこうちどうかん）

### 優れた人材を輩出した藩校

文化2年（1805）に庄内藩主酒井家9代忠徳が創設し、有能な藩士を多く輩出した藩校。表御門、聖廟、講堂、御入間などが残り、国の史跡に指定されている。東北で唯一現存する藩校建築。

☎0235-23-4672 住鶴岡市馬場町11-45 ¥入館無料 ⏰9時～16時30分 休水曜（祝日の場合は翌平日）交バス停鶴岡市役所前から徒歩2分 P周辺公共駐車場利用 MAP折込表C6

### 鶴岡タウンの観光に便利な無料レンタサイクル

「つるおか食文化市場FOODEVER」内にある「鶴岡市観光案内所」では、自転車の貸出も行っている。大人用自転車20台があり先着順（予約不可）、当日要返却。
¥無料 🕒9～17時 休12～3月
☎0235-25-7678 MAP付録表D4

あつみ温泉駅へ
N
200m
羽越本線
鶴岡駅
鶴岡駅前
余目駅へ
鶴岡市観光案内所（無料レンタサイクル）
332
鶴岡市日吉町
山形大
350
山王日枝神社
349
致道博物館
荘内病院
旧風間家住宅 丙申堂
致道博物館前
鶴岡公園
鶴ケ岡城跡
銀座通り
鶴岡市役所
カトリック鶴岡教会天主堂
大寶館
鶴岡市役所前
鶴岡市役所前
HOUSE清川屋
庄内藩校致道館
47

6 塔の高さは23.7m。フランス人のダリベル神父が建てた教会 7 遊び心のある店内でショッピングを。鶴岡商工会議所会館1階にある 8「貼り絵」とよばれる窓絵など世界的にも珍しいものを見られる 9 国指定の重要文化財。映画の撮影にも使われた小座敷も必見 10 広大な板の間と大黒柱などがみどころ

6 7

はうすきよかわや

## HOUSE清川屋

▶徒歩5分

### 庄内の魅力あふれる商品多数

店内には、庄内を代表する商品がずらり。地酒やワイン、手工芸品も豊富で、山形の食や文化を体感できる。清川屋の菓子やドリンクなどを味わえるカフェスペースもあり、散策のひと休みにもおすすめ。

☎0235-29-3111 住鶴岡市馬場町8-13鶴岡商工会議所会館1階 🕒9時～17時30分 休無休 交バス停鶴岡市役所前から徒歩1分 P40台 MAP折込表C6

8

かとりっくつるおかきょうかいてんしゅどう

## カトリック鶴岡教会天主堂

▶徒歩2分

### 明治ロマネスク様式の教会

フランスのデリブランド教会を模して、明治36年（1903）に建てられた教会。国指定の重要文化財で、赤い屋根や白い壁、アーチ窓などが印象的。聖堂内では、窓絵や黒い聖母マリア像などを見られる。

☎0235-22-0292 住鶴岡市馬場町7-19 ¥入館無料 🕒8～18時（10～3月は～17時） 休無休 交バス停鶴岡市役所前から徒歩3分 P5台 MAP折込表C5

9 10

きゅうかざまけじゅうたく へいしんどう

## 旧風間家住宅 丙申堂

▶徒歩2分

### 豪商・風間家の豪壮な邸宅

明治29年（1896）に、庄内藩の御用商人・風間家7代目当主が建てた住居兼店舗。杉皮葺きの石置屋根をはじめ、19の部屋がある主屋や武家門、金庫蔵などを見ることができる。

☎0235-22-0015 住鶴岡市馬場町1-17 ¥入館400円（別邸釈迦堂と共通） 🕒9時30分～16時30分（最終入館16時） 休7月13日、12月1日～4月14日 交バス停銀座通りから徒歩5分 P10台 MAP折込表D5

「HOUSE清川屋」はユニークなトイレも話題です。入って驚く人が続出!?

# 庄内の恵みがギュッとつまった 鶴岡のフレンチ&イタリアン

新鮮な魚介や野菜など、庄内の豊かな食材が一流シェフの技で最高の一皿に。
食の都の人気店で、絶品料理を味わい尽くしましょう。

Aコース 5500円

肉か魚がメインの計5品のコース。写真はメインの山形牛のステーキ。華やかな見た目で、五感で楽しめる※写真はイメージ

人気メニュー「井上農場の樹熟とまととバジルのフェデリーニ」

ある・けっちぁーの

## アル・ケッチァーノ

### 食材本来のおいしさを引き出す名店

庄内産の食材と日本海でとれた魚介を使ったイタリアンを提供。厳選した塩とオイルで食材の味を存分に引き出し、新感覚の味わいを生み出している。料理の内容は、食材の仕入れ状況などにより変更あり。

☎0235-26-0609 住鶴岡市遠賀原稲荷43 ⏰11時30分～13時30分LO、18時～20時30分LO 休月曜（祝日の場合は翌日）交JR鶴岡駅から車で15分 P30台 MAP P105B4

▶一面ガラス張りの店内からは田園風景を一望できる

▲オーナーシェフの奥田政行氏は日本を代表するイタリア料理のシェフとして知られている

**庄内の食材を使ったスイーツも見逃せない！**

「つるおか食文化市場FOODEVER」内にある「ファリナモーレドルチェ」では、鶴岡のシルクと日本海の塩を使ったシルクマカロン5個入り1300円などを販売。カフェスペースもある。アル・ケッチァーノの姉妹店。
☎0235-64-0510 MAP折込表D4

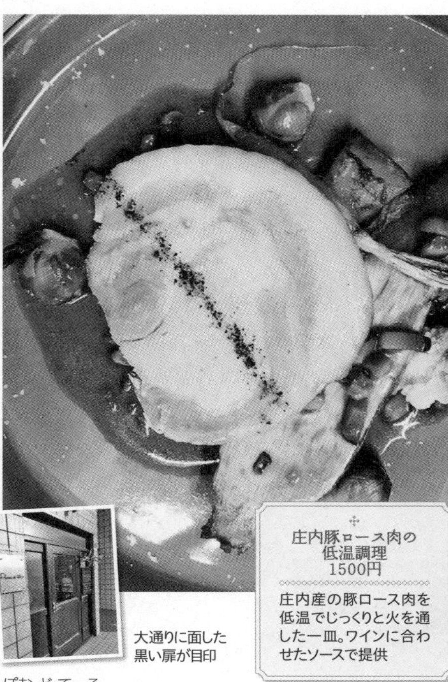

大通りに面した黒い扉が目印

庄内豚ロース肉の低温調理
1500円

庄内産の豚ロース肉を低温でじっくりと火を通した一皿。ワインに合わせたソースで提供

ぽむ ど てーる

## Pomme de Terre

### 丁寧な技が光る家庭的なフランス料理

フランス語で「ジャガイモ」を意味する“Pomme de Terre”を店名としたビストロ。庄内を中心に東北の食材をふんだんに使用した、郷土風フランス料理が評判。料理の味をより引き立てる、芳醇なワインも豊富に揃える。

☎0235-29-2533 住鶴岡市昭和町12-61 昭和ビル1階 🕒17～24時 休日曜、第3水曜 交バス停南銀座から徒歩3分 P4台 MAP折込表D6

▶シックな雰囲気の店内にはカウンター席とテーブル席がある

パスタの内容は季節により異なる

ウニのトマトクリームタリオリーニ
2090円（ランチ）

ランチタイムはサラダ、スープ、ドリンク、プチガトーがセット

いたりあん ふれんち れこると

## Italian French récolte

### 地元食材とワインのペアリングも

フランス料理の経験を積んできたシェフが、仕入れや気候に合わせて毎日メニューを考案。イタリアンやフレンチのジャンルを超えた、オリジナリティあふれる料理を堪能できる。ディナーは要予約。

☎090-1391-1860 住鶴岡市大塚町21-2 🕒11時30分～14時、18～21時（夜は要予約） 休火曜 交JR鶴岡駅から車で7分 P4台 MAP P105A3

▶黒板にはその日おすすめのメニューがずらり

日本初の「ユネスコ食文化創造都市」の認定を受けた鶴岡には日本料理店や寿司店、農家レストランなど人気の飲食店が多数。

# 田園に浮かぶホテルでスローステイ SHONAI HOTEL SUIDEN TERRASSE

美しい田園に囲まれた話題のホテルで非日常の空間を堪能！
庄内の原風景を眺めながら、時間を忘れてのんびりくつろぎましょう。

**外観**
建築家・坂茂氏が設計を手がけ、どこからでも水田を感じられるような造りになっている

しょうない ほてる すいでん てらす

## SHONAI HOTEL SUIDEN TERRASSE

**田んぼに浮かぶホテルで"晴耕雨読"の時間を過ごす**

庄内地方を象徴する水田から着想を得て生まれた建物は、周囲に溶け込むたたずまい。出羽三山から庄内平野、日本海へと続く豊かな自然を満喫できる。館内は木のぬくもりにあふれ、シンプルでモダンな居心地のいい空間。レストランやショップは宿泊者以外も利用可能。

☎0235-25-7424(受付9～18時) 住鶴岡市北京田下鳥ノ巣23-1 ¥ツイン室料1万円～(季節により変動あり) ⏰IN15時30分／OUT10時 交JR鶴岡駅から車で10分 P120台 室119室(ツイン49 ダブル59 その他11) ●2018年開業 ●風呂：内湯男女各1 露天男女各1(ともに入替制) MAP P105B3

**客室**
穏やかな田園風景を望む客室はツイン、ダブルを中心に、ファミリールームやメゾネットなど多彩。写真はハリウッドツインルーム田園ビュー

**朝日を浴びながらリフレッシュ**

田園風景を目の前に体験できる、モーニングヨガを開催。開放的なテラスで、エネルギーをチャージしよう。

¥2200円 ⏰4～10月の日曜、6時～6時50分※中学生以上のみ、前日20時まで要予約

## スパ

男女別の露天風呂付き大浴場があり、源泉かけ流し。泉質はカルシウム・ナトリウム‐硫酸塩・塩化物泉。フィンランド式サウナもある

## ショップ

山形・庄内の特産品を揃える。「SUIDEN BEER」1本600円などオリジナル品も充実

食事は月山を眺められる「ムーンテラス」で

## ライブラリー

共用棟と宿泊棟にライブラリーがあり、計2000冊ほどの本が並ぶ。客室での閲覧もOK。本のセレクトはブックディレクター・幅允孝氏の監修

## ダイニング＆バー

"Farm to Table"をテーマに掲げ、庄内の旬の食材をふんだんに使用。ディナーでは山形の日本酒、ワイナリーも一緒に楽しみたい

4～10月は自転車の貸し出しもしています（有料）。風を感じながら、のどかな田園地帯をめぐるのも気持ちいいですよ。

# 信仰を集める修験道の聖地 石段をのぼって羽黒山参り

✚鶴岡駅からバスで約40分

「西の伊勢参り、東の奥参り」とも称され、山岳信仰の聖地で知られる出羽三山。羽黒山は三山のなかでも訪れやすく、石段をのぼりながらプチ修行気分を味わえます。

## 出羽三山ってこんなところ

月山、羽黒山、湯殿山の総称。羽黒山で現世の幸せを祈り、月山で死後の浄土を願い、湯殿山で功徳を積み、再び生まれ変わることを願うという信仰が根付く。羽黒山には一度に三山の神々にお参りできる三神合祭殿がある。

**羽黒山**：☎0235-62-2355（出羽三山神社社務所）住鶴岡市羽黒町手向 ¥参拝自由（石段詣は「お注連」初穂料1000円）休参拝自由（8～17時を目安に参拝。羽黒山五重塔から先の参道は冬期通行不可）交JR鶴岡駅から庄内交通バス月山行き36分、バス停羽黒随神門下車 P参道入口周辺200台、山頂410台※山頂まではバスも利用可。1日4～8本運行（季節により変動あり）MAP P105C4

▶羽黒山三神合祭殿に掲げられた三山の号額

▲県道47号鶴岡羽黒線に立つ羽黒山大鳥居

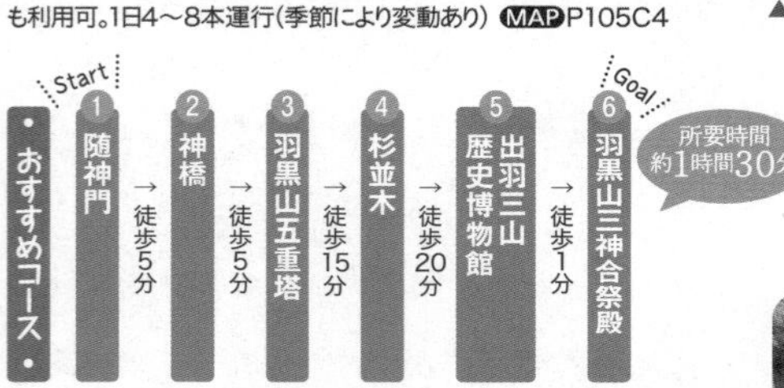

START!

### 1 随神門（ずいしんもん）

羽黒山から遠くは月山、湯殿山に至る広大な神域への入口。もともとは元禄年間（1688～1704）に仁王門として建てられたものだが、明治の神仏分離で随神像が祀られて現在の名前になった。

◀門の向こうに参道が見える

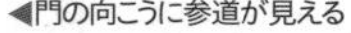

### 2 神橋（しんきょう）

随神門から坂を下った先にある、祓川に架かる朱塗りの橋。三山詣での人々は昔この川で身を清めてから、登拝へと出発したという。向かいの崖からは須賀の滝が流れ落ちる。

▲ここを境に山上と山麓をよび分けていた時代もあった

▲国宝の五重塔は高さ約29m。杉木立の間に立つ

## 3 羽黒山五重塔（はぐろさんごじゅうのとう）

平安中期に平将門が創建したと伝わる。現在の塔は約700年前に再建されたもので、東北最古の塔といわれている。五重塔の近くに立つ樹高48.3m、樹齢1000年以上の神木・爺杉も見ごたえがある。※2024年9月まで改修工事（予定）。

## 4 杉並木（すぎなみき）

羽黒山のハイライト。羽黒山の玄関口・随神門から山頂まで約2kmある杉並木は、2446段の石段が続く参道。樹齢350～600年といわれる杉に囲まれた神秘的な道は、映画のロケに使われたことも。

▲参道にはひょうたんや盃などの彫り物が33個ある

▲修験についての理解を深められる

## 5 出羽三山歴史博物館（でわさんざんれきしはくぶつかん）

羽黒山で信仰の対象とされた鏡池から出土した銅鏡190面や、山伏についての資料などを展示。松尾芭蕉に関する古文書も見られる。

¥入館300円 ⏰9～16時 休11月下旬～4月下旬、期間中は木曜（7・8月は無休）

GOAL!

## 6 羽黒山三神合祭殿（はぐろさんさんじんごうさいでん）

文政元年（1818）に再建された祭殿は、総漆塗りで威風堂々としたたたずまい。出羽三山の神々が祀られ、参拝すれば一度に三山を巡るのと同じご利益があるといわれているため、多くの参拝者が訪れる。

▶国の重要文化財。高さ28m、厚さ約2.1mの茅葺き屋根の社殿

## 羽黒山の立ち寄りスポット

### 二の坂茶屋（にのさかちゃや）

**参道にあるひと休みスポット**

江戸時代から続く茶屋で、羽黒山参道の中間にある。名物の杵つきの力餅を食べてひと息つこう。眼下に広がる庄内の景色は絶景！

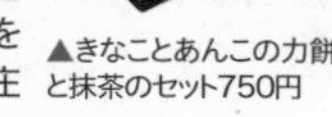

▲きなことあんこの力餅と抹茶のセット750円

☎0235-62-4287 ⏰9～15時（季節により変動あり）休不定休、11月中旬～4月下旬休業（変更あり）

### 羽黒山斎館（はぐろさんさいかん）

**滋味深い精進料理を味わう**

三の坂をのぼった場所にある参籠所で、旬の山菜などを使った精進料理を味わえる。1泊2食付1万1000円～、食事のみの利用も可（料理・宿泊ともに要予約）。

▲精進料理は7品2750円、10品3850円

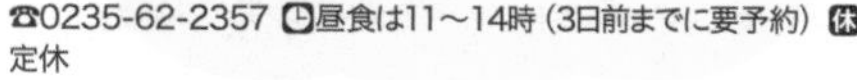

☎0235-62-2357 ⏰昼食は11～14時（3日前までに要予約）休不定休

随神門から徒歩3分の場所にある「いでは文化記念館」では出羽三山と修験の歴史を解説。参拝前の情報収集におすすめです。

# 絶景と温泉に癒やされる 湯野浜温泉の海辺の宿

海岸沿いに湯宿が並ぶ湯野浜温泉は、古くから海辺の温泉郷として栄えたリゾート地。庄内の山海の幸や、夕日が沈む日本海の絶景を楽しめます。

## 湯野浜温泉って こんなところ

天喜年間（1053〜58）に発見され、温泉で亀が傷を癒やしたという伝説から"亀の湯"とよばれていた。海水浴などのマリンレジャーと温泉を楽しめるエリアとして、ファミリーにも人気。国道112号沿いに宿が立ち並び、客室や風呂などから日本海を眺められる。

☎0235-75-2258（湯野浜温泉観光協会）交JR鶴岡駅から庄内交通バス加茂水族館経由湯野浜温泉行きで50分、終点下車 MAP P105A3

1日本海の魚介を盛り込んだ夕食 2大浴場「吟水湯」の展望露天檜風呂

····料 金（1泊2食付）····
✣平　日　2万2150円〜
✣休前日　2万5450円〜
IN 15時／OUT 11時

ゆうすいてい いさごや
### 游水亭 いさごや

**日本海を一望できる贅沢な宿**

露天風呂と内風呂がある大浴場のほか、リビングのような空間を備えるハイプライベートスパ（貸切風呂）もある。ダイニングには北大路魯山人の作品を展示するギャラリーを併設。

☎0235-75-2211 住鶴岡市湯野浜1-8-7 交バス停湯野浜温泉から徒歩2分 P70台 室全45室 ●泉質：ナトリウム・カルシウム-塩化物泉 ●風呂：内湯男女各1 露天男女各2 貸切1 MAP P90

····料 金（1泊2食付）····
✣平　日　1万9950円〜
✣休前日　2万2150円〜
IN 15時／OUT 10時

うみべのおやど いっきゅう
### 海辺のお宿 一久

**源泉かけ流しの湯で温まる**

全客室から日本海を望む湯宿。大浴場では、源泉かけ流しの湯を心ゆくまで楽しめる。食事は、地元の食材にこだわった季節の料理を味わえる。

☎0235-75-2121 住鶴岡市湯野浜1-10-29 交バス停湯野浜温泉から徒歩3分 P20台 室全19室 ●泉質：ナトリウム・カルシウム-塩化物泉 ●風呂：内湯男女各1 露天男女各1 貸切なし MAP P90

1日本海の海風を感じる露天風呂「天の原」2源泉風呂付き和洋室

4月下旬〜11月上旬の6〜8時に「湯野浜温泉 朝市」を開催。庄内浜の魚介や加工品、野菜などを購入できます。

# 温泉街の散策も楽しい
# あつみ温泉でくつろぎステイ

湯野浜温泉とともに庄内の温泉郷として知られるあつみ温泉には、人気の湯宿が点在。共同浴場や足湯カフェ、バラ園などもあり、湯の街さんぽもおすすめです。



## あつみ温泉ってこんなところ

開湯約1200年の歴史を誇り、日本海の近くにありながら、山あいの温泉情緒も併せ持つ温泉郷。温海川沿いに近代的な宿や湯治向きの宿など7軒が点在。川沿いには約300本の桜が植えられ、春は花見客で賑わう。地場野菜の温海かぶ、鼠ヶ関港の魚介などが名物。

☎0235-43-3547（あつみ観光協会）交JRあつみ温泉駅から庄内交通バスあつみ温泉行きで7分、バス停足湯あんべ湯前などで下車 MAP折込裏A3

▲広々とした造りの庭園露天風呂

····料金（1泊2食付）····
+平　日　1万6650円～
+休前日　1万9950円～
IN 15時／OUT 11時

ばんこくや
### 萬国屋

**県内有数の規模を誇る老舗旅館**

▲朝食の鯛めし鯛茶漬けが評判

創業350余年の東北屈指の名旅館。山側と川側、どちらの客室も四季の風情を間近に感じられる。源泉かけ流し内風呂付き、露天風呂付きの客室や特別室も自慢だ。庄内の旬の食材が味わえる料理は、逸品揃い。

☎0570-00-8598 住鶴岡市湯温海丁1 交バス停足湯あんべ湯前から徒歩3分 P280台 室全104室 ●泉質：ナトリウム・カルシウム-塩化物・硫酸塩泉 ●風呂：内湯2（入替制）露天2（入替制）貸切なし MAP P91

····料金（1泊2食付）····
+平　日　1万4450円～
+休前日　1万7750円～
IN 15時／OUT 10時

たちばなや
### たちばなや

**日本庭園や料理で四季を満喫**

創業約370年の歴史ある湯宿。魚介や山菜、温海かぶなど、庄内の滋味あふれる夕食も魅力。開放感のある露天風呂や貸切露天風呂もある。

☎0235-43-2211 住鶴岡市湯温海丁3 交バス停あつみ観光協会前から徒歩2分 P100台 室全76室 ●泉質：ナトリウム・カルシウム-塩化物・硫酸塩泉 ●風呂：内湯男女各1 露天男女各1 貸切2 MAP P91

1開放感あふれる男性用大浴場 2日本庭園を望むラウンジでのんびり

足湯に浸かりながらドリンクやスイーツを楽しめる「足湯カフェ チットモッシェ」が人気です。

# 往時の面影残る名所をめぐる 港町・酒田サイクリング

最上川河口に位置し、江戸時代に北前船の寄港地として栄えた酒田市。
人々や物資が行き交った往時の面影を感じながら、自転車でめぐってみませんか。

※サイクリングの際は、乗車用ヘルメットを持参・着用しましょう

さかたえきまえかんこうあんないじょ（みらいにない）

## ① 酒田駅前観光案内所（ミライニ内）

### 無料レンタサイクルでGO!

「ミライニ」は図書館や広場、立体駐車場などが集まる交流拠点施設。施設内の観光案内所では、無料で自転車を借りることができる。風情豊かな観光スポットを自転車でめぐろう。

☎0234-24-2454（酒田駅前観光案内所）住酒田市幸町1-10-1 ¥無料 ⏰4～11月の9時～18時30分（貸出返却先の施設により異なる）、要当日返却 休期間中無休、12～3月 交JR酒田駅からすぐ P262台 MAP折込表F4

1 酒田観光の情報収集に立ち寄ろう
2 市内約10カ所で自転車を貸し出ししている

自転車で3分

ほんまびじゅつかん

## ② 本間美術館

### 酒田の栄華を伝える本間家の旧別邸

江戸時代の豪商・本間家の別邸と庭園を美術館として公開。別邸「清遠閣」の豪華な意匠や、鳥海山を借景とする池泉回遊式庭園「鶴舞園」などを見られる。本間家寄贈の日本・東洋古美術など、貴重な美術品や文化財も豊富に収蔵している。

☎0234-24-4311 住酒田市御成町7-7 ¥入館1100円 ⏰9～17時（11～3月は～16時30分）休12～2月の火・水曜（祝日の場合は翌日）、展示替え期間 交JR酒田駅から徒歩5分 P50台 MAP折込表F4

自転車で6分

1 別邸「清遠閣」内から庭園を眺められる
2 かつては皇族や政府高官が酒田を訪れた際の宿泊所でもあった

まいこちゃや そうまろう たけひさゆめじびじゅつかん

## ③ 舞娘茶屋 相馬楼 竹久夢二美術館

### 酒田舞娘の舞と料亭文化を満喫

江戸時代創業の料亭「相馬屋」を修復し、平成12年（2000）に開楼した。1階は「茶房くつろぎ処」、2階大広間は酒田舞娘の踊りと食事を楽しめる演舞場。酒田とゆかりがある竹久夢二の美人画などを展示する美術館も併設している。

☎0234-21-2310 住酒田市日吉町1-2-20 ¥入楼1000円、舞娘演舞鑑賞2500円 ⏰10～16時（最終入館15時30分）休不定休 交バス停寿町からすぐ P15台 MAP折込表E5

▲舞娘の演舞は1日1回。終了後に記念撮影ができる

▲キュートなべっぴんさん眉バサミ

▲舞娘さんも愛用する「木倉や」手鏡

自転車で1分

### 高台にある日和山公園に寄り道

酒田港近くの高台にある「日和山公園」は、日本海や出羽三山を望むビュースポット。日本最古級の木造六角灯台や1/2スケールで再現した北前船がある。桜の名所で、毎年4月には桜まつりが開かれる。

☎0234-26-5745(酒田市整備課) MAP折込表E5

さんのうくらぶ
## ④ 山王くらぶ

### 老舗料亭の空間で酒田の伝統を学ぶ

建物は国の登録有形文化財。意匠の異なる部屋ごとに、酒田の歴史や料亭文化などを紹介している。2階の広間には2月下旬～11月上旬まで傘福が展示されている。

☎0234-22-0146 住酒田市日吉町2-2-25 ¥入館410円（特別展は別途有料、変動あり）◷9～17時（最終入館16時30分）休12～2月の火曜（祝日の場合は翌日）交バス停寿町から徒歩4分 P34台 MAP折込表E5

1 酒田の傘福は日本三大つるし飾りの一つ
2 明治28年（1895）建築の料亭を活用

自転車で7分

さんきょそうこ
## ⑤ 山居倉庫

### 酒田の歴史を伝える二重屋根の倉庫群

明治26年（1893）創設の米穀倉庫は酒田のシンボル。現在12棟が残り、最近まで現役の米倉庫として使用されていた。そのうち2棟はみやげ店やレストランが入る「酒田夢の倶楽（くら）」として活用されている。

☎0234-22-1223（酒田市観光物産館 酒田夢の倶楽）住酒田市山居町1-1-20 ◷9～18時（12～3月は～17時）休無休 交バス停山居倉庫前からすぐ P27台 MAP折込表E6

1 西側の裏手には日本海からの西風と日光を遮るケヤキ並木が続く 2 多彩な商品が並ぶ酒田夢の倶楽 3 酒田銘菓「酒田むすめ」各170円。小豆、やきいも、コーヒー味がある

自転車で3分

ほんまけきゅうほんてい
## ⑥ 本間家旧本邸

### 酒田屈指の名家の威厳ある武家屋敷

幕府巡見使の本陣宿として明和5年（1768）に建てられ、庄内藩主酒井家へ献上した二千石格式の武家屋敷。書院造りと商家造りが一体となった珍しい建物。

☎0234-22-3562 住酒田市二番町12-13 ¥入館900円 ◷9時30分～16時30分（11～2月は～16時）休12月中旬～1月下旬、展示替え日 交バス停本間家旧本邸前からすぐ P20台 MAP折込表F5

▲邸内ではお座敷や樹齢400年の赤松などを見られる

自転車で6分

GOAL! **酒田駅前観光案内所**

「酒田駅前交流拠点施設ミライニ」の光の湊エリアには、レストラン「ル・ポットフー」や「月のホテル」が入ります。

# 海鮮丼、フレンチ、ラーメン…酒田でみつけた魅惑の港町ごはん

新鮮な魚介や野菜、果物、米などが豊富に集まる酒田には絶品グルメがいっぱい。
寿司・海鮮丼はもちろん、ご当地ラーメンや酒田フレンチも見逃せません。

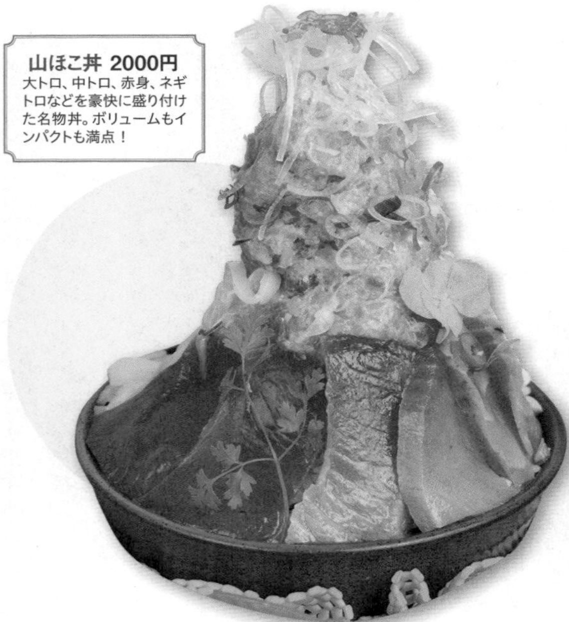

**山ほこ丼 2000円**
大トロ、中トロ、赤身、ネギトロなどを豪快に盛り付けた名物丼。ボリュームもインパクトも満点！

みなといちば こまつまぐろせんもんてん

## みなと市場 小松鮪専門店

### 庄内沖のとれたて魚介を堪能

海辺に近い「みなと市場」にあるマグロ専門店。売店に併設するイートインコーナーでは、マグロの赤身やトロ、中落ちなどさまざまな部位を丼や定食で楽しめる。

☎0234-26-0190 住酒田市船場町2-5-56 時9～17時（食事は～15時30分LO）休水曜 交JR酒田駅から車で7分 P300台（さかた海鮮市場と共用）MAP折込表E5

▲みなと市場には海の幸や特産品など、多彩な店舗が入る

だるまずし

## だるま寿司

### 創業70年を超える老舗寿司店

昭和12年（1937）に創業した寿司店で、現在は3代目が寿司を握る。寿司のほか、旬の魚を豊富に盛り付けた海鮮丼や、1本まるごと使用した穴子の一本付けなども人気。

☎0234-24-0008
住酒田市中町3-1-12
時11時30分～14時、17～22時（日曜、祝日は～20時30分）休不定休 交JR酒田駅から車で5分 P15台
MAP折込表E5

▶大きなだるまの絵が描かれた外観が特徴

**龍宮城 3300円**
10種類以上の魚介類が盛られた豪華な海鮮丼。多彩なネタが覆い、食べごたえ十分

## 平田牧場のブランド豚も人気！

「平田牧場 とんや 酒田店」では平田牧場金華豚の厚切りロースかつ膳2400円を味わえる。そのほか、平田牧場三元豚しゃぶしゃぶや手ごねハンバーグ膳など多彩に揃う。
☎0234-23-8011 MAP P105B1

すしかっぽう すずまさ

## 寿司割烹 鈴政

### 職人の技が光る創作寿司

昭和30年（1955）創業の江戸前寿司の店。炙り、粗塩、柚子胡椒など醤油以外で味わう創作寿司にも定評がある。どんがら汁やむきそばなど、酒田の郷土料理も味わえる。

☎0234-22-2872 住酒田市日吉1-6-18 🕒11時30分～13時30分LO、17時～21時30分LO（日曜、祝日は～20時LO）休不定休 交バス停寿町から徒歩3分 P28台 MAP折込表E5

**おまかせ握り 4180円**
カワハギの肝醤油漬け、アカメフグ、本マグロの漬けなど11貫

◀カウンターのほか、小上がりや座敷もある

わんたんめんのまんげつ ほんてん

## ワンタンメンの満月 本店

### 「まるで雲を呑むような」ワンタンの食感が評判

昭和35年（1960）創業の人気ラーメン店。魚介ベースと鶏やゲンコツの動物系ダシを組み合わせたスープは、芳醇なうま味と香りが特徴。こだわりの極薄ワンタンは必食。

☎0234-22-0166 住酒田市東中の口町2-1 🕒11時～16時30分LO 休火曜 交JR酒田駅から徒歩17分 P40台 MAP折込表F6

**ワンタンメン 煮玉子入り 1100円**
煮干しと動物系を合わせた油が浮いていないスープ

れすとらん にこ

## Restaurant Nico

### 五感を刺激する華やかフレンチ

伝統的な技法とシェフの感性から生まれたアヴァンギャルドなフランス料理を楽しめる。地元産の野菜など庄内の食材を中心に使い、酒田ならではの一皿を堪能できる。

☎0234-28-9777 住酒田市亀ケ崎3-7-2 🕒11時30分～13時30分LO、17時30分～20時30分LO 休日曜（月曜が祝日の場合は月曜休）交JR酒田駅から車で10分 P13台 MAP P105B1

**ムニュ・プティ 2750円**
メインの一例、平田牧場金華豚のロースト。前菜、スープ、デザートなどが付く。※2名以上で要予約

酒田のラーメンは魚介系ダシのキレのある醤油味が主流。自家製麺の店が多く、食べ比べもおすすめ。

# ダイナミックな絶景を楽しむ 鳥海ブルーラインで爽快ドライブ

酒田から車で約30分

山形県と秋田県にまたがる山岳道路「鳥海ブルーライン」を目指してのんびりドライブ。山麓周辺の神秘的なスポットにも立ち寄りながら、海と山の恵みを満喫しましょう。

▲光の加減や天候、気温によって池の色が変化する

まるいけさま
## 丸池様

### エメラルドグリーンに輝く神秘の池

直径約20m、水深3.5mの池の底から湧き出している水で満たされている。古くから地域住民の信仰の対象とされてきた。

☎0234-72-5666（遊佐鳥海観光協会）住遊佐町直世荒川57 ¥◷休散策自由 交日本海東北自動車道遊佐鳥海ICから車で10分 P箕輪鮭孵化場駐車場利用 MAP折込裏B1

＼ちょっと立ち寄り！／

みちのえき ちょうかい ふらっと
### 道の駅 鳥海 ふらっと

海産物や加工品が豊富に並ぶ物産コーナーのほか、食事処やベーカリー工房もある。DATA☎0234-71-7222 住遊佐町菅里菅野308-1 ◷9～18時（11～2月は～17時）※施設により異なる 休無休 交日本海東北自動車道遊佐鳥海ICから車で5分 P213台 MAP折込裏B1

▶かき揚げうどん650円

ちょうかいぶるーらいん
## 鳥海ブルーライン

### 鳥海山の自然絶景が間近に

山形県遊佐町から秋田県にかほ市までの全長約34kmの山岳道路。残雪や新緑、紅葉など四季の移ろいを楽しめる。

☎0234-72-5666（遊佐鳥海観光協会）住遊佐町吹浦～秋田県にかほ市象潟町 ¥通行無料 ◷通行自由（当面の間17時～翌8時は通行止め）休10月下旬～4月中旬は閉鎖 交日本海東北自動車道遊佐鳥海ICから入口まで車で5分 MAP折込裏B1

▲海抜ゼロから1100mまでかけのぼることができる

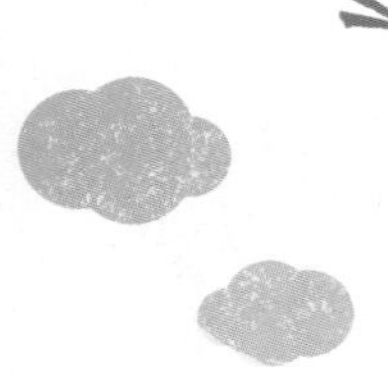

**日本海を眺められる三崎公園**

日本海沿いに広がる公園で、夕日スポットとしても人気。鳥海山噴火の溶岩と波の浸食で形成された崖が続き、ダイナミックな景観を楽しめる。園内に現存する三崎山旧街道は、松尾芭蕉が旅した街道と伝わる。キャンプ場もある。
☎0184-43-6608(にかほ市観光協会) MAP折込裏B1

ほこだて(ちょうかいさんごごうめきさかたぐち)
## 鉾立(鳥海山五合目象潟口)

### 大パノラマが広がる登山口

標高約1150mに位置し、展望台から渓谷や日本海を眺めることができる。鳥海山に関する展示を見学できるビジターセンター、レストランもある。

☎0184-43-6608(にかほ市観光協会) 住秋田県にかほ市象潟町小滝鉾立 ¥営見学自由 休11月上旬～4月下旬、降雪時・4月下旬～5月下旬の17時～翌8時は閉鎖 交日本海東北自動車道象潟ICから車で25分 P300台 MAP折込裏C1

▲五合目近くには奈曽渓谷を見渡す展望台もある

▶ワインディングロードの先に日本海を望める

▲高さ約5m、幅約30m。駐車場から徒歩10分

もとたきふくりゅうすい
## 元滝伏流水

### 清涼感抜群の癒やしスポット

鳥海山麓の雪解け水が地中に染み込み、伏流水となって岩間から吹き出している。苔むした岩肌と清流のコントラストが見事。

☎0184-43-6608(にかほ市観光協会) 住秋田県にかほ市象潟町小滝麻針堰(駐車場) ¥営休見学自由 交日本海東北自動車道象潟ICから車で10分 P30台 MAP折込裏B1

なそのしらたき
## 奈曽の白滝

### 荒々しく流れ落ちる名瀑

落差26m、幅11mの滝。近くの金峰神社から階段を下りれば、滝の迫力を間近に感じられる。吊り橋「ねがい橋」からも眺められる。

☎0184-43-6608(にかほ市観光協会) 住秋田県にかほ市象潟町小滝 ¥営休見学自由 交日本海東北自動車道象潟ICから車で6分 P30台 MAP折込裏B1

◀国の名勝に指定されている

# 山形の 知っておきたいエトセトラ

季節のイベントや果物をチェックして、さらに楽しい山形旅を。
でかける前に予習をして、旅のプランに組み込んでみてはいかがですか。

## 祭・イベント

山形には活気あふれる祭りや人気のイベントが盛りだくさん。
シーズンをチェックして、ベストタイミングに旅に出ませんか。

### さくら開花期間 霞城観桜会（かじょうかんおうかい）

1500本の桜が咲き誇る霞城公園。夜間は桜がライトアップされ、昼とは違った趣を楽しめる。
☎023-641-1212（山形市観光戦略課）主会場：霞城公園（☞P34） MAP折込表B1

### 4月中旬 天童桜まつり人間将棋（てんどうさくらまつりにんげんしょうぎ）

約2000本の桜が咲き乱れるなか舞鶴山で開かれる人間将棋が有名。華やかな時代絵巻は必見。
☎023-653-1680（天童桜まつり実行委員会 天童市観光物産協会）主会場：天童公園（舞鶴山） MAP P103B4

### 4月29日～5月3日 米沢上杉まつり（よねざわうえすぎまつり）

上杉神社や松岬神社の例大祭に始まり、武禘式、上杉軍団行列、迫力ある川中島合戦の再現が行われる。
☎0238-22-9607（米沢四季のまつり委員会）主会場：上杉神社周辺、松川河川敷ほか MAP折込表B6（☞P67）

### 5月19～21日 酒田まつり（さかたまつり）

上下両日枝神社の例大祭として400年以上続く祭り。20日の本祭りでは大獅子が練り歩く。
☎0234-24-2233（酒田観光物産協会）主会場：酒田市中町ほか MAP折込表E5

### 8月5～7日 山形花笠まつり（やまがたはながさまつり）

東北四大祭りの一つで、山形県を代表する夏祭り。紅花をあしらった笠を手にした踊り手の群舞は優美。団体ごと異なる踊りを観賞しよう。
☎023-642-8753（山形県花笠協議会）主会場：山形市十日町～本町七日町通り～文翔館 MAP折込表B2～C1（☞P46）

### 8月第3土曜 赤川花火大会（あかがわはなびたいかい）

日本の花火100でベスト10入りしたイベント。花火の打ち上げは、幅700mに約1万2000発。
☎0235-64-0701（赤川花火大会実行委員会）主会場：鶴岡市赤川河畔羽黒橋～三川橋 MAP P105B3

### 12月17日 だるま市（観音様のお年夜）（だるまいち（かんのんさまのおとしや））

七日町観音堂の例祭で、遊女が観音様に願掛けをしたのが始まりと伝わる。だるまや熊手、羽子板など正月の縁起物が揃う。
☎0235-22-0969（泉屋商店）主会場：鶴岡市七日町観音堂 MAP折込表C6

### 12月下旬～2月下旬 蔵王樹氷まつり（ざおうじゅひょうまつり）

蔵王温泉スキー場で開かれる冬の一大イベント。世界に誇る雄大な樹氷が楽しめる。樹氷の見頃にライトアップや雪上花火などが行われる。
☎023-647-2266（山形市観光案内センター）主会場：山形市蔵王温泉 MAP P100C3

### 8月24～26日 新庄まつり（しんじょうまつり）

豪華絢爛な山車が市内を練り歩き、新庄城址では萩野・仁田山鹿子踊などが行われる。ユネスコ無形文化遺産。
☎0233-22-6855（新庄まつり実行委員会）主会場：新庄市内各所 MAP折込裏C2

### 2月第2土・日曜 上杉雪灯篭まつり（うえすぎゆきどうろうまつり）

上杉神社の参道を中心に約300基の雪灯篭が立ち並ぶ。ろうそくの灯りが幻想的な雪まつり。
☎0238-22-9607（米沢四季のまつり委員会）主会場：上杉神社境内（☞P66）・松が岬公園一帯 MAP折込表A5

## フルーツカレンダー

サクランボをはじめ、一年を通してさまざまな果物が収穫される山形県。主な果物をピックアップ！

### 6～7月 サクランボ

日本一の生産量を誇り、全国の7割を占める。真っ赤な可憐な実は「果樹園の宝石」ともよばれている。

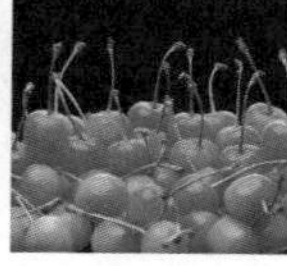

### 8～9月 桃

山形県は日本屈指の桃の産地で、東根市や天童市などで主に収穫されている。川中島白桃など糖度の高い桃が評判。

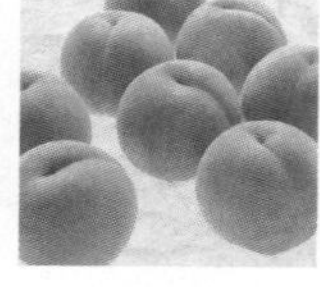

### 9～11月 ブドウ

山形県のブドウ栽培は、江戸時代初期に南陽市から始まったと伝わる。デラウェアは日本一の生産量を誇る。

### 9～12月 西洋なし

全国のシェア6割を誇る山形県を代表する味覚。なかでもラ・フランスは、全国の栽培面積の約9割を占めている。

### 9～12月 リンゴ

蜜がたっぷりと入った山形県産のリンゴ。甘酸っぱく濃厚な味わいの山形オリジナル品種「秋陽」も栽培されている。

### 10～11月 庄内柿

鶴岡市や酒田市などで主に栽培されている庄内柿は、種がなくサクッとした食感。果汁も甘みもたっぷりの秋の味覚。

## サクランボ図鑑

山形発祥の佐藤錦など、サクランボ王国・山形県ではさまざまな品種が栽培されているので要チェック！

### 佐藤錦（さとうにしき）

山形県の栽培面積の約7割を占める代表品種。果汁が多く、甘みと酸味のバランスがいい。収穫期は6月中旬～7月初旬。

### 紅秀峰（べにしゅうほう）

果肉が硬く、日持ちに優れている。大きめの実と強い甘みで食べごたえあり。収穫期は6月下旬～7月上旬。

### 紅さやか（べにさやか）

佐藤錦とセネカをかけ合わせて生まれた早生種で、佐藤錦より酸味がある。収穫期は6月上旬。

### 紅てまり（べにてまり）

7月中旬以降に収穫される晩生種で、大きな果実と高い糖度が特徴。収穫期は7月上旬～中旬。

### 紅きらり（べにきらり）

サクランボとしては極めて珍しい自分の花粉だけで結実する品種。酸味が少なめ。収穫期は6月下旬。

### 紅ゆたか（べにゆたか）

果実の大きさは6～9g程度で、早生品種としては大玉とされる。収穫期は6月中旬。

### 南陽（なんよう）

ナポレオンの実生から育成された品種で、緻密な肉質と甘味が特徴。収穫期は6月下旬～7月上旬。

### やまがた紅王（やまがたべにおう）

2023年にデビューした品種。3L（28㎜）中心のツヤのある大玉で、糖度は20度程度。収穫期は6月下旬～7月上旬。

## 各地の芋煮鍋

山形の秋の風物詩といえば「芋煮会」。芋煮鍋の具材や味付けには地域性がある。各地の鍋をご紹介！

### 庄内地域

鶴岡市や酒田市など日本海沿いの庄内地域では、豚肉×味噌味の組み合わせ。具材は厚揚げ、こんにゃく、長ネギなど。

### 最上地域

新庄市など県北の内陸地方の芋煮鍋には、豊富に採れる山菜やキノコがたっぷり。牛肉×醤油味の組み合わせ。

### 村山地域

山形市や天童市、上山市などの村山地域は牛肉×醤油味が定番。サトイモやこんにゃく、長ネギなど具だくさん。

### 置賜地域

米沢市や高畠町などの置賜地域も牛肉×醤油味だが、大きめに切った木綿豆腐や隠し味に味噌を入れることも。

山形長屋酒場や日本一の芋煮会フェスティバル（☞P29）などで味わえる。山形県内のみやげ店では芋煮のレトルト品などを販売。

写真提供：おいしい山形推進機構

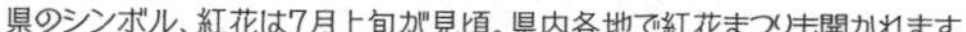
県のシンボル、紅花は7月上旬が見頃。県内各地で紅花まつりも開かれます。

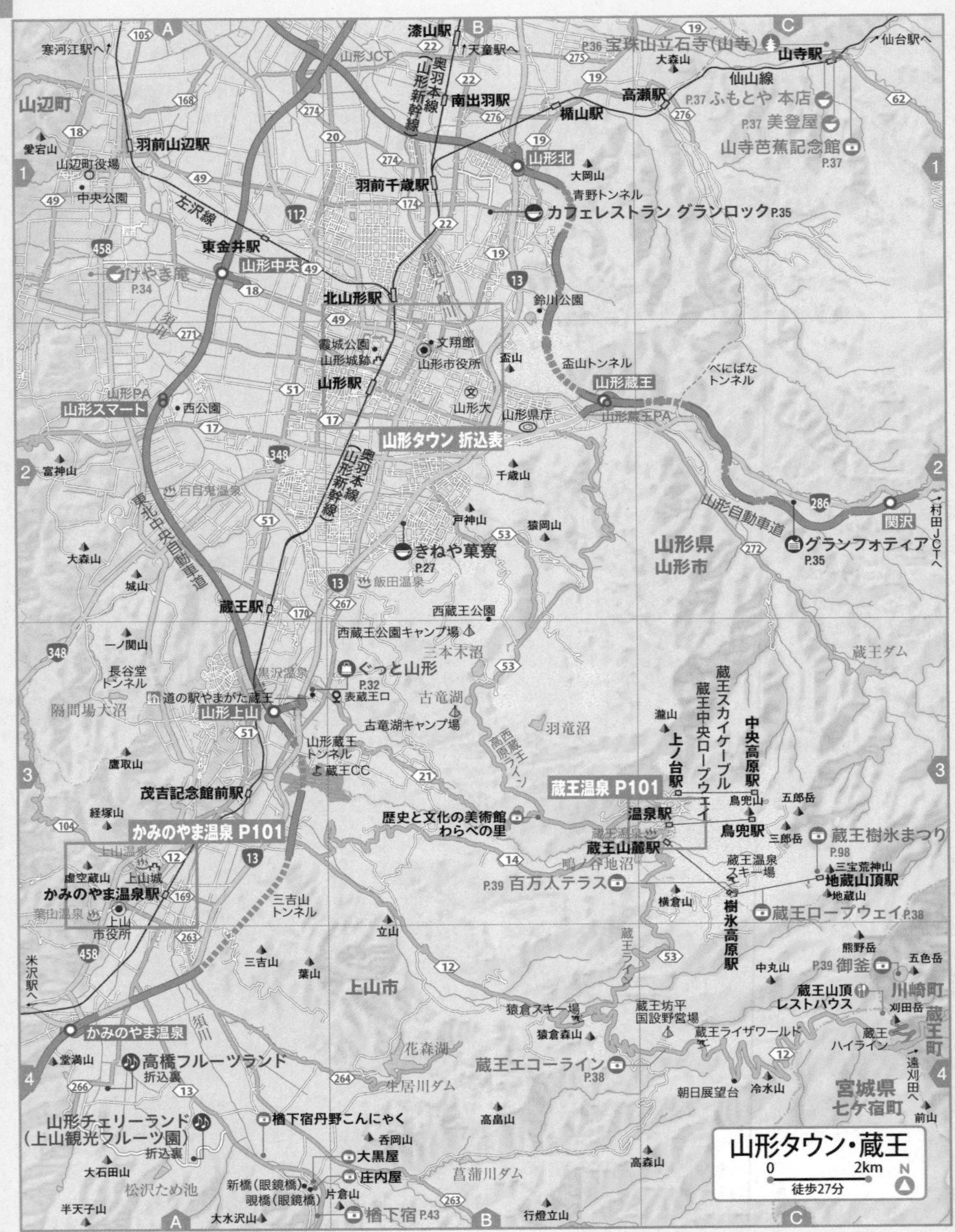

山形タウン・蔵王
漆山駅
天童駅へ
宝珠山立石寺(山寺) P.36
山寺駅
仙台駅へ
仙山線
高瀬駅
楯山駅
南出羽駅
奥羽本線(山形新幹線)
山形JCT
寒河江駅へ
山辺町
羽前山辺駅
山辺町役場
中央公園
愛宕山
ふもとや 本店 P.37
美登屋 P.37
山寺芭蕉記念館 P.37
大森山
山形北
大岡山
青野トンネル
カフェレストラン グランロック P.35
羽前千歳駅
左沢線
東金井駅
山形中央
けやき庵 P.34
北山形駅
鈴川公園
霞城公園
山形城跡
文翔館
山形市役所
山形駅
盃山
盃山トンネル
べにばなトンネル
山形蔵王
山形蔵王PA
山形大
山形県庁
山形PA
山形スマート
西公園
山形タウン 折込表
富神山
百目鬼温泉
東北中央自動車道
千歳山
戸神山
猿岡山
山形自動車道
関沢
村田JCTへ
グランフォティア P.35
山形県
山形市
きねや菓寮 P.27
飯田温泉
大森山
城山
蔵王駅
西蔵王公園
西蔵王公園キャンプ場
一ノ関山
三本木沼
蔵王ダム
長谷堂トンネル
黒沢温泉
ぐっと山形 P.32
道の駅やまがた蔵王
表蔵王口
古竜湖
隔間場大沼
山形上山
古竜湖キャンプ場
羽竜沼
西蔵王高原ライン
蔵王スカイケーブル
蔵王中央ロープウェイ
中央高原駅
上ノ台駅
瀧山
山形蔵王トンネル
蔵王CC
鷹取山
茂吉記念館前駅
蔵王温泉 P101
鳥兜山
五郎岳
経塚山
歴史と文化の美術館 わらべの里
温泉駅
鳥兜駅
三郎岳
蔵王樹氷まつり P.98
かみのやま温泉 P101
蔵王温泉
蔵王山麓駅
上山温泉
虚空蔵山
上山城
鳴ノ谷地沼
三宝荒神山
地蔵山頂駅
かみのやま温泉駅
P.39 百万人テラス
蔵王温泉スキー場
地蔵山
葉山温泉
上山市役所
三吉山トンネル
横倉山
樹氷高原駅
蔵王ロープウェイ P.38
立山
蔵王ライン
熊野岳
五色岳
米沢駅へ
三吉山
葉山
中丸山
P.39 御釜
上山市
蔵王山頂レストハウス
川崎町
刈田岳
猿倉スキー場
蔵王坊平国設野営場
蔵王町
かみのやま温泉
須川
猿倉森山
蔵王ライザワールド
蔵王ハイライン
遠刈田へ
堂満山
高橋フルーツランド 折込裏
花森湖
蔵王エコーライン P.38
生居川ダム
朝日展望台
冷水山
宮城県
七ケ宿町
山形チェリーランド(上山観光フルーツ園) 折込裏
楢下宿丹野こんにゃく
高畠山
前山
香岡山
大黒屋
大石田山
庄内屋
高森山
菖蒲川ダム
松沢ため池
新橋(眼鏡橋)
覗橋(眼鏡橋)
片倉山
半天子山
楢下宿 P.43
大水沢山
行燈立山
0 2km
徒歩27分

かみのやま温泉
0 200m
徒歩3分
蔵王へ
山形駅へ
湯町
湯町の足湯
花明りの宿 月の池 P.45
不動堂
P.42 武家屋敷
新湯の足湯
新湯口
上山小
下大湯共同浴場
上山市
虚空蔵山
展望露天の湯 有馬館
上山温泉
月岡神社
月岡公園
新湯共同浴場
上山城の足湯
果実の山 あづま屋
上山城 P.42
奥羽本線(山形新幹線)
仙渓園 月岡ホテル
上山十日町局
栗川稲荷神社
P.42 中條屋
めんごりあ前
前川足湯
二日町共同浴場
上山局
西光寺
石崎
別館ふじや旅館
県立 総合療育訓練センター
かみのやま温泉駅
かみのやま温泉観光案内所(レンタサイクル) P.43
おやど森の音
P.44 名月荘
消防本部
上山市役所前
葉山公衆浴場
山形ワインカーヴ P.43
葉山足湯
上山市役所
上山署
高松葉山温泉
蟹仙洞
葉山温泉
上山市高松葉山
彩花亭時代屋
P.44 日本の宿 古窯
三木屋参蒼来
南小
寒河江屋旅館
長清水
P.45 葉山舘
はたごの心 橋本屋 P.45
赤湯駅へ
蔵王温泉 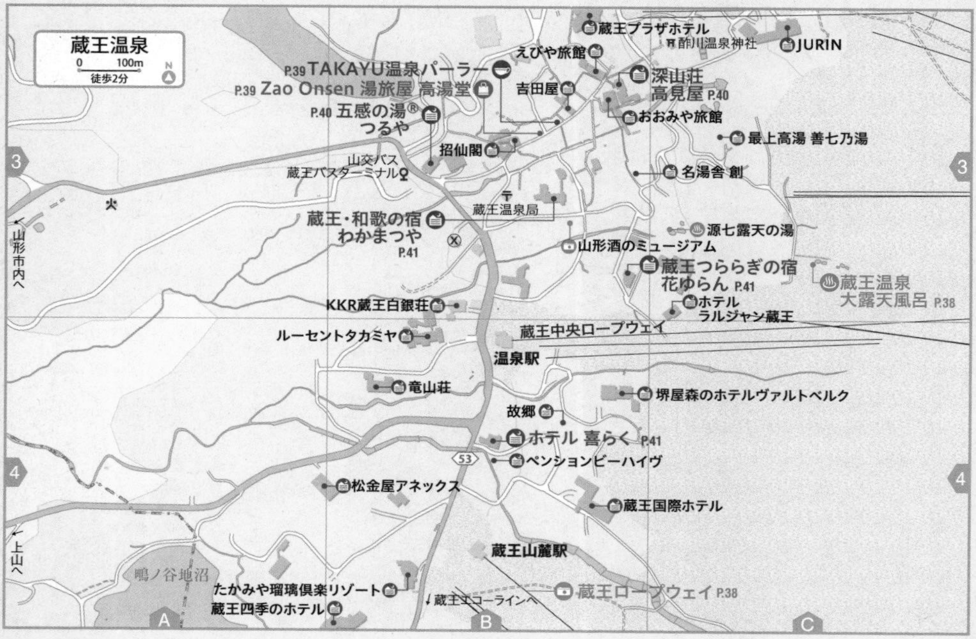
0 100m
徒歩2分
蔵王プラザホテル
酢川温泉神社
JURIN
えびや旅館
P.39 TAKAYU温泉パーラー
深山荘 高見屋 P.40
P.39 Zao Onsen 湯旅屋 高湯堂
吉田屋
P.40 五感の湯® つるや
おおみや旅館
最上高湯 善七乃湯
招仙閣
山交バス 蔵王バスターミナル
名湯舎 創
蔵王温泉局
蔵王・和歌の宿 わかまつや P.41
源七露天の湯
山形市内へ
山形酒のミュージアム
蔵王つららぎの宿 花ゆらん P.41
蔵王温泉 大露天風呂 P.38
KKR蔵王白銀荘
ホテル ラルジャン蔵王
ルーセントタカミヤ
蔵王中央ロープウェイ
温泉駅
竜山荘
堺屋森のホテルヴァルトベルク
故郷
ホテル 喜らく P.41
ペンションビーハイヴ
松金屋アネックス
蔵王国際ホテル
上山へ
蔵王山麓駅
鴫ノ谷地沼
たかみや瑠璃倶楽リゾート
蔵王エコーラインへ
蔵王ロープウェイ P.38
蔵王四季のホテル

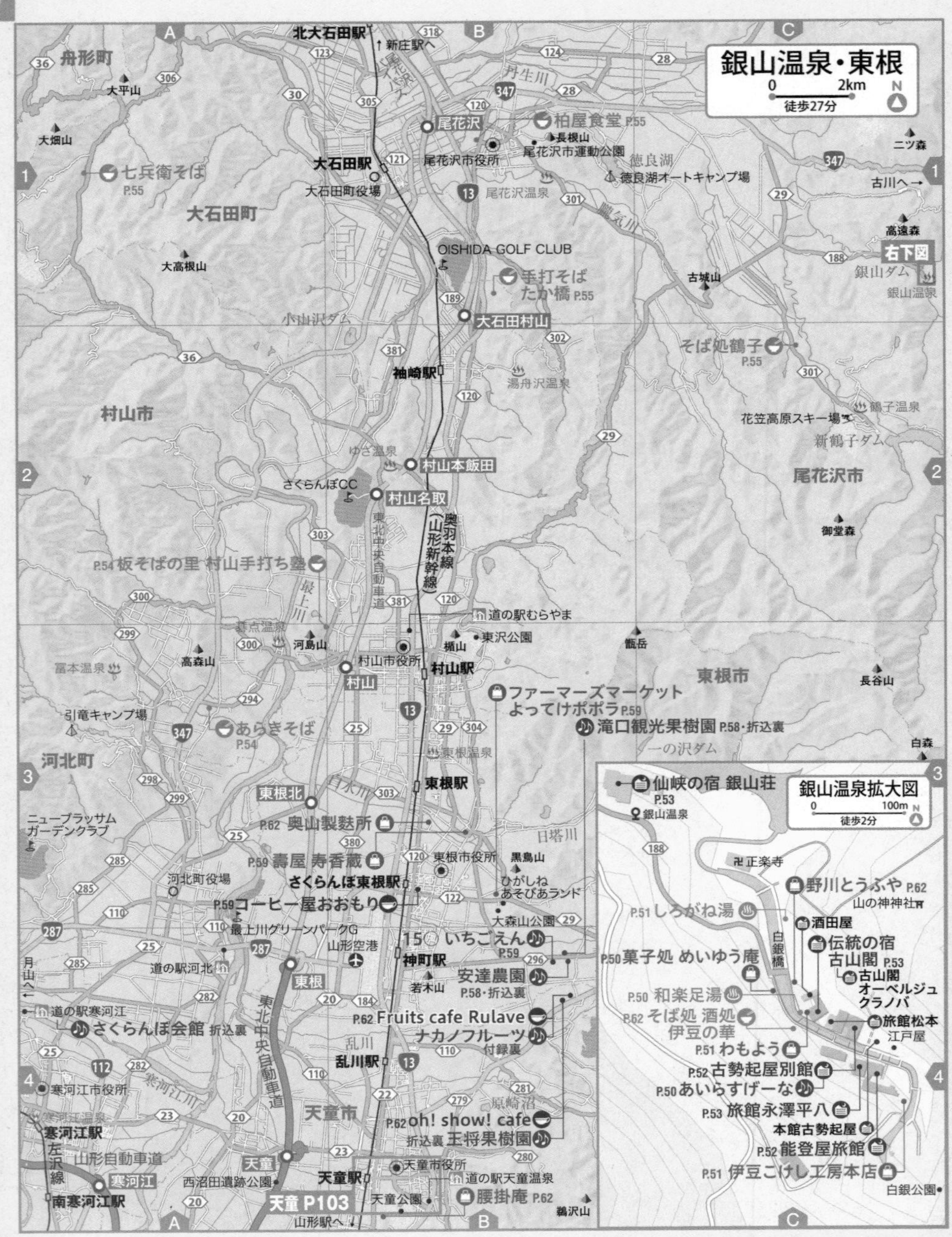

銀山温泉・東根
0 2km
徒歩27分
北大石田駅
新庄駅へ
舟形町
大平山
丹生川
大畑山
尾花沢
柏屋食堂 P.55
長根山
尾花沢市運動公園
尾花沢市役所
二ツ森
徳良湖
徳良湖オートキャンプ場
七兵衛そば P.55
大石田駅
大石田町役場
尾花沢温泉
古川へ
大石田町
高遠森
OISHIDA GOLF CLUB
右下図
手打そば たか橋 P.55
古城山
銀山ダム
銀山温泉
大高根山
小山沢ダム
大石田村山
そば処鶴子 P.55
袖崎駅
湯舟沢温泉
鶴子温泉
花笠高原スキー場
村山市
新鶴子ダム
ゆさ温泉
村山本飯田
尾花沢市
さくらんぼCC
村山名取
東北中央自動車道
奥羽本線（山形新幹線）
御堂森
P.54 板そばの里 村山手打ち塾
最上川
道の駅むらやま
碁点温泉
河島山
楯山
東沢公園
甑岳
冨本温泉
高森山
村山市役所
村山
村山駅
東根市
長谷山
ファーマーズマーケット よってけポポラ P.59
引竜キャンプ場
あらきそば P.54
滝口観光果樹園 P.58・折込裏
東根温泉
一の沢ダム
白森
河北町
仙峡の宿 銀山荘 P.53
銀山温泉拡大図
0 100m
徒歩2分
東根駅
東根北
銀山温泉
ニューブラッサム ガーデンクラブ
P.62 奥山製麩所
日塔川
P.59 壽屋 寿香蔵
東根市役所
黒鳥山
正楽寺
河北町役場
さくらんぼ東根駅
ひがしね あそびあランド
野川とうふや P.62
山の神神社
P.59 コーヒー屋おおもり
P.51 しろがね湯
酒田屋
大森山公園
白銀橋
伝統の宿 古山閣 P.53
最上川グリーンパークG
山形空港
いちごえん P.59
P.50 菓子処 めいゆう庵
古山閣 オーベルジュ クラノバ
神町駅
月山へ
道の駅河北
安達農園 P.58・折込裏
P.50 和楽足湯
若木山
東根
道の駅寒河江
P.62 Fruits cafe Rulave
P.62 そば処 酒処 伊豆の華
旅館松本
さくらんぼ会館 折込裏
ナカノフルーツ 付録裏
江戸屋
乱川
P.51 わもよう
乱川駅
P.52 古勢起屋別館
寒河江市役所
寒河江川
P.50 あいらすげーな
原崎沼
寒河江温泉
P.53 旅館永澤平八
寒河江駅
天童市
P.62 oh! show! cafe
本館古勢起屋
左沢線
王将果樹園 折込裏
P.52 能登屋旅館
山形自動車道
天童
天童市役所
P.51 伊豆こけし工房本店
寒河江
西沼田遺跡公園
天童駅
道の駅天童温泉
白銀公園
南寒河江駅
天童 P103
天童公園
腰掛庵 P.62
鵜沢山
山形駅へ

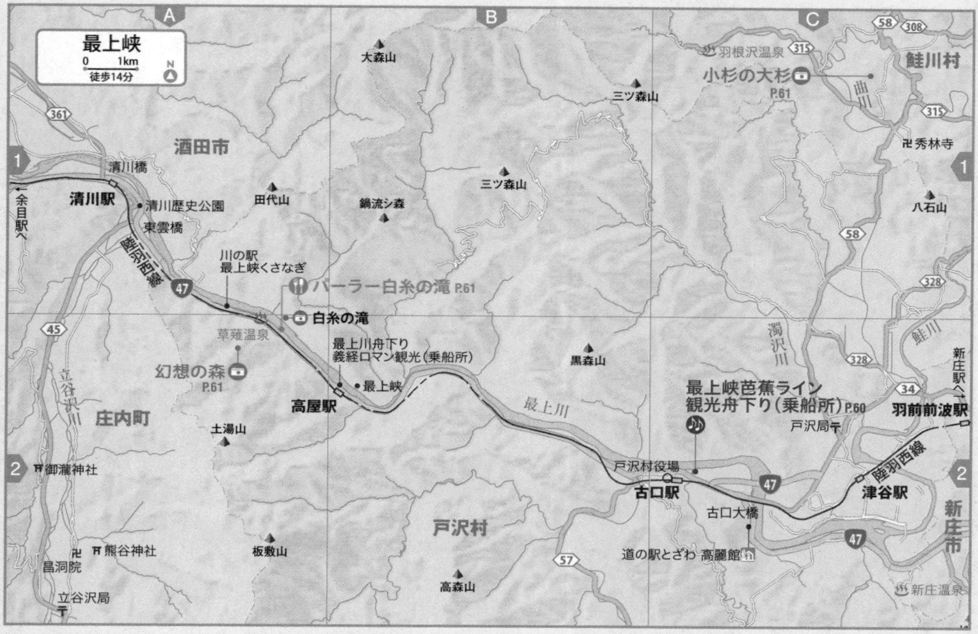

## 最上峡

0 1km 徒歩14分

酒田市
清川橋
清川駅
余目駅へ
清川歴史公園
東雲橋
陸羽西線
田代山
大森山
三ツ森山
三ツ森山
鍋流シ森
川の駅 最上峡くさなぎ
パーラー白糸の滝 P.61
白糸の滝
草薙温泉
幻想の森 P.61
最上川舟下り 義経ロマン観光（乗船所）
最上峡
高屋駅
庄内町
土湯山
立谷沢川
御瀧神社
熊谷神社
昌洞院
立谷沢局
板敷山
戸沢村
高森山
黒森山
最上川
最上峡芭蕉ライン 観光舟下り（乗船所） P.60
戸沢村役場
古口駅
古口大橋
道の駅とざわ 高麗館
羽根沢温泉
小杉の大杉 P.61
鮭川村
曲川
秀林寺
八石山
濁沢川
鮭川
新庄駅へ
羽前前波駅
戸沢局
陸羽西線
津谷駅
新庄市
新庄温泉

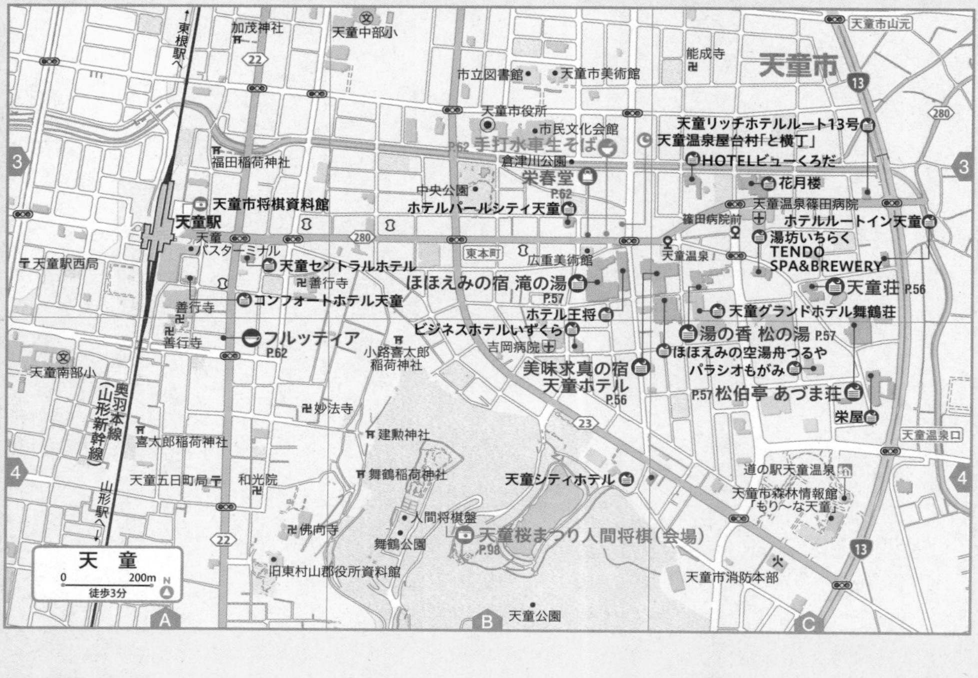

## 天童

0 200m 徒歩3分

東根駅へ
加茂神社
天童中部小
能成寺
天童市
市立図書館
天童市美術館
天童市役所
市民文化会館
天童リッチホテルルート13号
天童温泉屋台村「と横丁」
福田稲荷神社
P.62 手打水車生そば
倉津川公園
HOTELビューくろだ
栄春堂 P.62
花月楼
中央公園
天童市将棋資料館
ホテルパールシティ天童
天童温泉篠田病院
天童駅
篠田病院前
ホテルルートイン天童
天童 バスターミナル
東本町
天童温泉
湯坊いちらく TENDO SPA&BREWERY
天童駅西局
天童セントラルホテル
広重美術館
善行寺
ほほえみの宿 滝の湯 P.57
天童荘 P.56
コンフォートホテル天童
天童グランドホテル舞鶴荘
善行寺
ホテル王将
善行寺
フルッティア P.62
ビジネスホテルいずくら
湯の香 松の湯 P.57
吉岡病院
小路喜太郎稲荷神社
ほほえみの空湯舟つるや
天童南部小
美味求真の宿 天童ホテル P.56
パラシオもがみ
奥羽本線（山形新幹線）
妙法寺
P.57 松伯亭 あづま荘
栄屋
建勲神社
喜太郎稲荷神社
天童温泉口
舞鶴稲荷神社
天童五日町局
和光院
天童シティホテル
道の駅天童温泉
天童市森林情報館「もり〜な天童」
山形駅へ
人間将棋盤
佛向寺
天童桜まつり人間将棋（会場） P.98
舞鶴公園
旧東村山郡役所資料館
天童市消防本部
天童公園
天童市山元

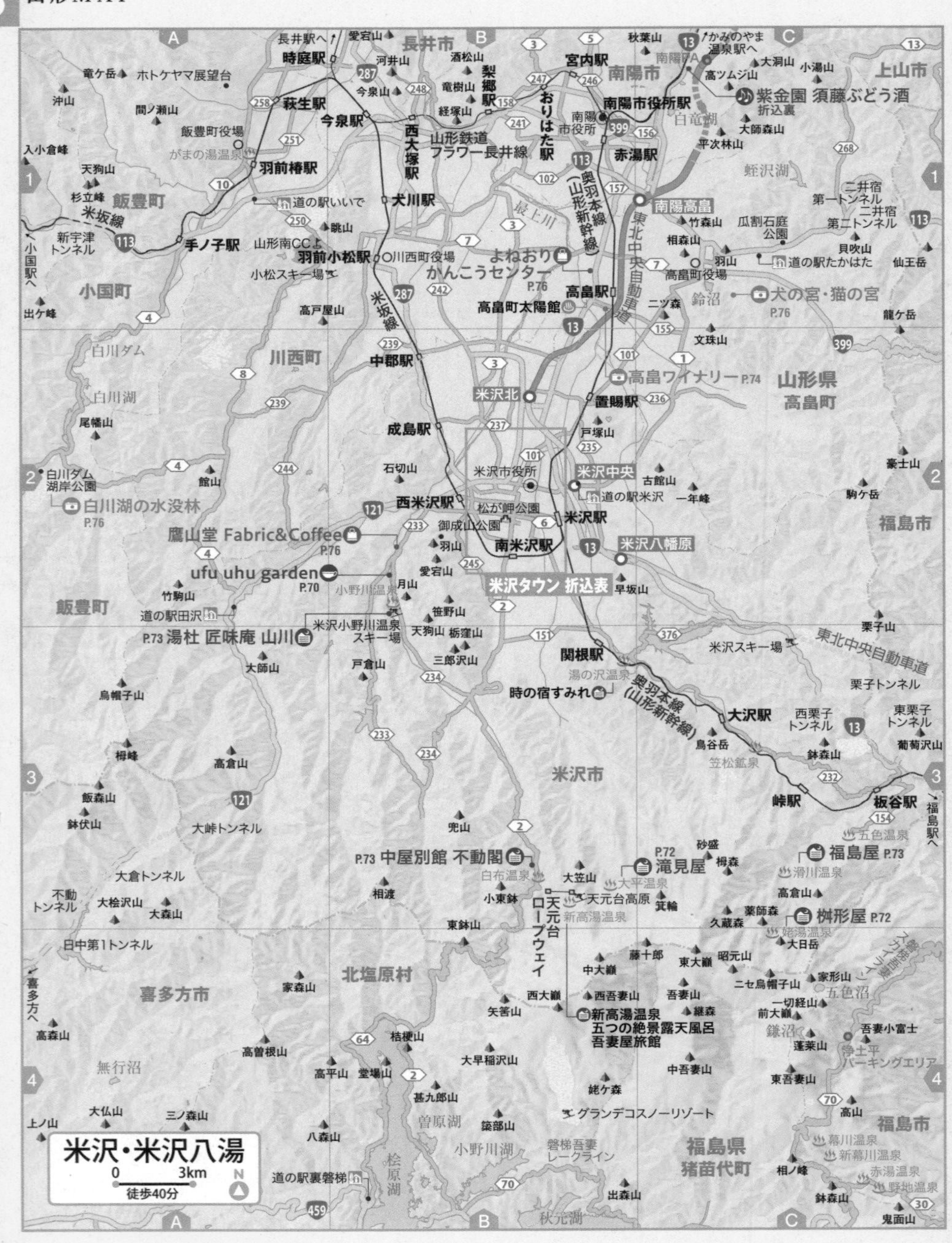
米沢・米沢八湯
0
3km
徒歩40分
長井市
南陽市
上山市
飯豊町
小国町
川西町
山形県
高畠町
米沢市
福島市
北塩原村
喜多方市
福島県
猪苗代町
長井駅へ
時庭駅
萩生駅
今泉駅
羽前椿駅
手ノ子駅
西大塚駅
犬川駅
羽前小松駅
中郡駅
成島駅
西米沢駅
南米沢駅
米沢駅
宮内駅
梨郷駅
おりはた駅
南陽市役所駅
赤湯駅
高畠駅
置賜駅
関根駅
大沢駅
峠駅
板谷駅
かみのやま温泉駅へ
福島駅へ
小国駅へ
喜多方へ
山形鉄道
フラワー長井線
米坂線
奥羽本線（山形新幹線）
東北中央自動車道
南陽高畠
米沢北
米沢中央
米沢八幡原
紫金園 須藤ぶどう酒
折込裏
よねおり かんこうセンター
P.76
高畠町太陽館
犬の宮・猫の宮
P.76
高畠ワイナリー P.74
道の駅たかはた
道の駅いいで
道の駅米沢
道の駅田沢
道の駅裏磐梯
白川湖の水没林
P.76
鷹山堂 Fabric&Coffee
P.76
ufu uhu garden
P.70
P.73 湯杜 匠味庵 山川
米沢タウン 折込表
時の宿すみれ
P.73 中屋別館 不動閣
P.72 滝見屋
福島屋 P.73
桝形屋 P.72
新高湯温泉
五つの絶景露天風呂
吾妻屋旅館
天元台ロープウェイ
天元台高原
グランデコスノーリゾート
磐梯吾妻レークライン
浄土平パーキングエリア
米沢市役所
松が岬公園
御成山公園
南陽市役所
飯豊町役場
川西町役場
高畠町役場
がまの湯温泉
小野川温泉
米沢小野川温泉スキー場
湯の沢温泉
白布温泉
大平温泉
新高湯温泉
姥湯温泉
五色温泉
滑川温泉
幕川温泉
新幕川温泉
赤湯温泉
野地温泉
米沢スキー場
小松スキー場
山形南CC
ホトケヤマ展望台
白川ダム
白川ダム湖岸公園
白川湖
白竜湖
蛭沢湖
鈴沼
笠松鉱泉
五色沼
鎌沼
曽原湖
小野川湖
桧原湖
秋元湖
無行沼
最上川
第一トンネル
第二トンネル
新宇津トンネル
栗子トンネル
西栗子トンネル
東栗子トンネル
大峠トンネル
大倉トンネル
不動トンネル
日中第1トンネル
二井宿
瓜割石庭公園
愛宕山
河井山
酒松山
今泉山
竜樹山
経塚山
秋葉山
大洞山
小湯山
高ツムジ山
大師森山
平次林山
竜ケ岳
沖山
間ノ瀬山
入小倉峰
天狗山
杉立峰
眺山
竹森山
相森山
羽山
貝吹山
仙王岳
出ケ峰
高戸屋山
二ツ森
文珠山
龍ケ岳
尾幡山
石切山
館山
戸塚山
古館山
一年峰
豪士山
駒ケ岳
羽山
愛宕山
月山
笹野山
天狗山
栃窪山
三郎沢山
竹駒山
早坂山
栗子山
大師山
戸倉山
烏帽子山
栂峰
高倉山
鳥谷岳
鉢森山
葡萄沢山
飯森山
鉢伏山
兜山
相渡
小東鉢
大笠山
砂盛
栂森
高倉山
薬師森
久蔵森
大日岳
大桧沢山
大森山
東鉢山
藤十郎
東大巓
昭元山
中大巓
西大巓
西吾妻山
吾妻山
継森
ニセ烏帽子山
家形山
一切経山
前大巓
吾妻小富士
蓬莱山
矢筈山
家森山
高森山
高曽根山
桧梗山
大早稲沢山
中吾妻山
東吾妻山
高山
高平山
堂場山
甚九郎山
姥ケ森
上ノ山
大仏山
三ノ森山
八森山
篶部山
出森山
相ノ峰
鉢森山
鬼面山
スカイライン
磐梯吾妻

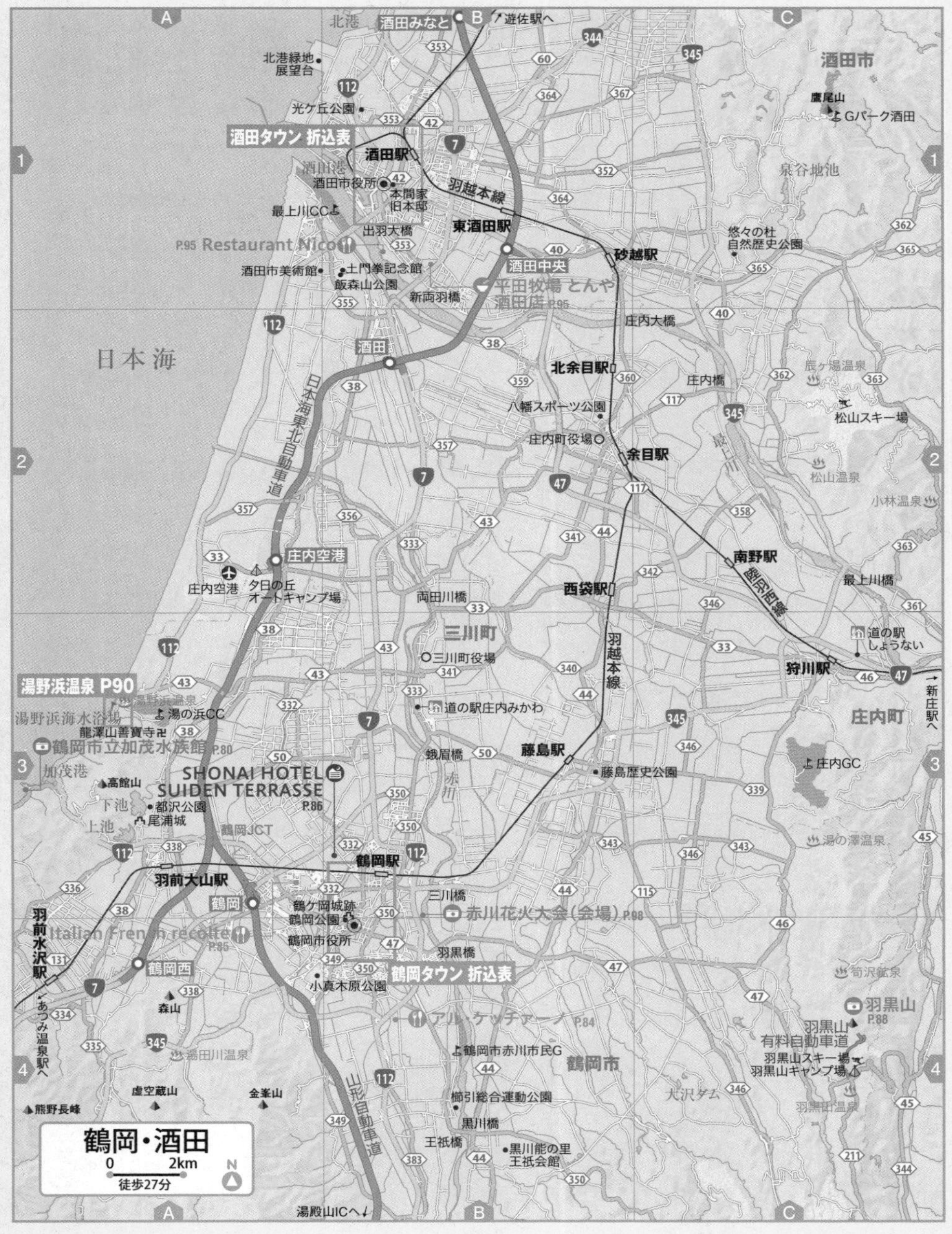
鶴岡・酒田
0 2km
徒歩27分
日本海
酒田市
鶴岡市
三川町
庄内町
酒田駅
東酒田駅
砂越駅
北余目駅
余目駅
南野駅
西袋駅
狩川駅
藤島駅
鶴岡駅
羽前大山駅
羽前水沢駅
羽越本線
陸羽西線
日本海東北自動車道
山形自動車道
酒田みなと
酒田中央
酒田
庄内空港
鶴岡
鶴岡西
酒田タウン 折込表
鶴岡タウン 折込表
湯野浜温泉 P90
P.95 Restaurant Nico
平田牧場 とんや酒田店 P.95
SHONAI HOTEL SUIDEN TERRASSE P.86
鶴岡市立加茂水族館 P.80
Italian French récolte P.85
赤川花火大会(会場) P.98
アル・ケッチァーノ P.84
羽黒山 P.88
北港緑地展望台
光ケ丘公園
酒田市役所
本間家旧本邸
最上川CC
出羽大橋
酒田市美術館
土門拳記念館
飯森山公園
新両羽橋
庄内大橋
庄内橋
八幡スポーツ公園
庄内町役場
悠々の杜自然歴史公園
鷹尾山
Gパーク酒田
泉谷地池
松山スキー場
松山温泉
小林温泉
最上川橋
道の駅しょうない
新庄駅へ
遊佐駅へ
庄内空港
夕日の丘オートキャンプ場
両田川橋
三川町役場
道の駅庄内みかわ
蛾眉橋
藤島歴史公園
庄内GC
湯の澤温泉
湯野浜海水浴場
湯の浜CC
龍澤山善寶寺
加茂港
高館山
下池
上池
都沢公園
尾浦城
鶴岡JCT
三川橋
鶴ケ岡城跡
鶴岡公園
鶴岡市役所
羽黒橋
小真木原公園
森山
湯田川温泉
鶴岡市赤川市民G
櫛引総合運動公園
黒川橋
王祇橋
黒川能の里王祇会館
大沢ダム
羽黒山有料自動車道
羽黒山スキー場
羽黒山キャンプ場
羽黒山温泉
筍沢温泉
虚空蔵山
金峯山
熊野長峰
あつみ温泉駅へ
湯殿山ICへ

# 山形への公共交通

山形へのアクセスは山形タウン・天童方面と、鶴岡・酒田方面でアプローチが異なります。東京・仙台や主要都市からの鉄道・高速バス・飛行機でのアクセスをまとめました。

2024年春から走り始めたE8系「つばさ」

## 首都圏から新幹線・高速バスで

※所要時間は目安です。新幹線の料金は通常期の指定席を利用した場合のねだんです　※列車の本数はだいたいの本数です。時間帯によって大幅に異なることがあります　※BT=バスターミナルの略です。バス便は時期によって増減することがあります

▶ 米沢・山形タウン・天童・大石田へ

東京駅 →（東北新幹線「つばさ」（全車指定席）1時間に1〜2本）→ 米沢駅（東京駅から2時間10分　1万530円）→ 山形駅（東京駅から2時間45分　1万1450円）→ 天童駅（東京駅から3時間5分　1万2230円）→ 大石田駅（東京駅から3時間30分　1万3450円）

東京駅 → 上野駅 →（東北急行バス「レインボー号」（予約制）1日1便（夜行））→ 米沢駅（東京駅から5時間40分　5500〜6000円）→ 山形（山交ビル）（東京駅から7時間　5700〜6900円）

▶ 鶴岡・酒田へ

東京駅 →（上越新幹線「とき」1時間に1〜3本）→ 新潟駅（東京駅から2時間）→（JR羽越本線 特急「いなほ」1日7本）→ 鶴岡駅（新潟駅から1時間50分　東京駅から1万3680円）→ 酒田駅（新潟駅から2時間10分　東京駅から1万4930円）

## 関西から高速バスで

湊町BT（OCAT）→ 南海なんば高速BT → 大阪駅前（桜橋口）→ 京都駅八条口 →（南海バス／庄内交通「夕陽」（予約制）1日1便（夜行））→ 鶴岡（エスモールBT）（大阪駅前から11時間35分　1万4970〜1万6470円）→ 酒田駅前（大阪駅前から12時間35分　1万5280〜1万6810円）

※当面の間運休

## 仙台から鉄道・バスで

仙台駅（西口）→（宮城交通／山交バス　8〜25分ごと）→ 山形（山交ビル）（仙台駅から1時間5分　1000円）→ 山形駅前（仙台駅から1時間10分　1000円）

仙台駅前 →（羽後交通／庄内交通／宮城交通／山交バス「Gassan」「SSライナー」「夕陽」（座席指定制）1日8便）→ 鶴岡（エスモールBT）（仙台駅前から2時間45分　3400円）→ 酒田駅前（仙台駅前から3時間35分　3600円）

## 全国各地から飛行機で

※所要時間は到着便の場合で、目安です
※JAL=日本航空／FDA=フジドリームエアラインズ／ANA=全日本空輸

札幌（新千歳）→（FDA／JAL　1時間15分／1便）→ 山形空港
東京（羽田）→（JAL　55分／2便）→ 山形空港
名古屋（小牧）→（FDA／JAL　1時間5分／2便）→ 山形空港
大阪（伊丹）→（JAL　1時間10分／3便）→ 山形空港

山形空港 →（山交ハイヤー 空港連絡バス　約35分／1300円）→ 山形駅
山形空港 →（はながさバス 空港連絡バス　1時間15分／2000円）→ 銀山温泉

東京（羽田）→（ANA　1時間／4〜5便）→ 庄内空港

庄内空港 →（庄内交通 空港連絡バス　約30分／780円）→ 鶴岡駅
庄内空港 →（庄内交通 空港連絡バス　約35分／880円）→ 酒田駅

# 山形県内のターミナルから観光地へ

▶ 蔵王へ

山形駅前 → 山交バス 1時間に1本程度 → 蔵王温泉バスターミナル 37分 1000円

▶ 銀山温泉へ

大石田駅 → はながさバス 1日5便程度 → 銀山温泉 36分 1000円

## 交通アドバイス

### ●鉄道

山形・天童方面へは山形新幹線「つばさ」で。東北新幹線「やまびこ」と連結されて東京駅から発着している。鶴岡・酒田方面へは、上越新幹線「とき」で新潟駅まで行き、羽越本線の特急「いなほ」に乗り換え。

### ●飛行機

山形県には2つの空港がある。山形・天童方面は「山形空港」を、鶴岡・酒田方面は「庄内空港」を利用するのが便利。できるだけ早めに予約したほうが割引率が高くなる。

### ●高速バス

首都圏などからの夜行バスのほか、仙台からの昼行バスも。座席数に限りがあるので、予約が基本。「発車オ～ライネット」などのポータルサイトから予約ができる。

### ☎問合せ先

鉄道

●JR東日本（お問い合わせセンター）
☎050-2016-1600

高速バス

●発車オ～ライネット
https://secure.j-bus.co.jp/hon

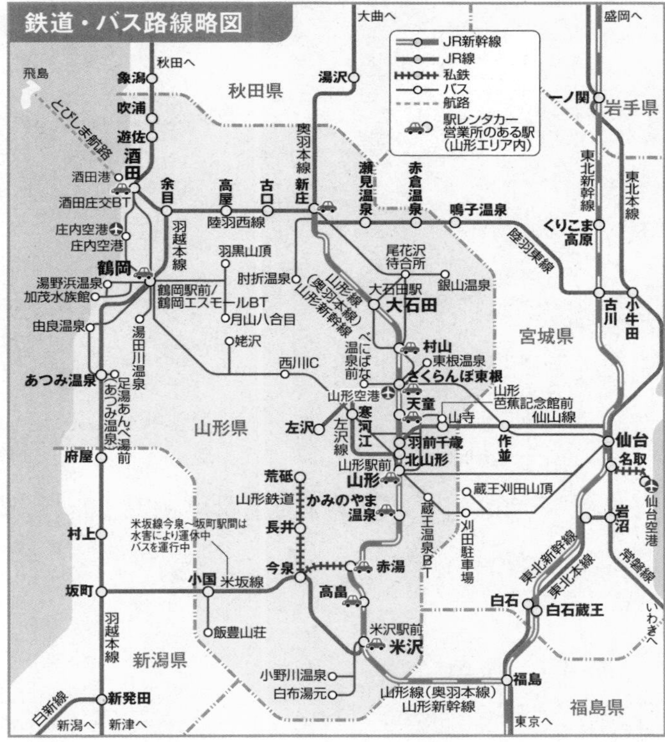


## おトクなきっぷを活用しよう

### ●小さな旅ホリデー・パス

東北新幹線 × 指定席 × 途中下車 ○ ねだん 2720円

土・日曜、祝日やGW、夏・冬休みに、右の範囲にあるJR線の快速・普通列車の自由席が1日乗り降り自由。山形新幹線の福島～新庄間に限り、別に特急券を購入すれば利用可能。フリーエリア内のJR東日本のおもな駅の指定席券売機などで発売。

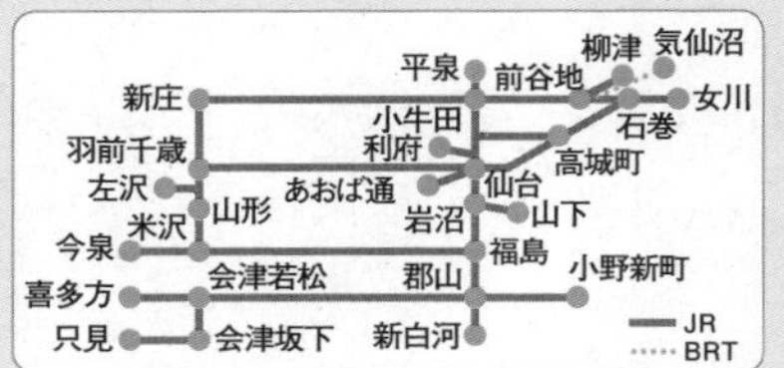


### ●レール&レンタカーきっぷ

JR線と駅レンタカーを組み合わせたおトクなきっぷ。JR線を片道・往復・連続で201キロ以上利用する場合、同一行程の利用者全員のJR線の運賃が2割引、特急料金などが1割引になる(一部を除く)。「フィット」クラスが6時間まで7590円。山形県内の駅レンタカーの営業所は11駅(上の地図参照)。

# 山形への車での交通

仙台方面から山形～鶴岡を結ぶ山形自動車道を中心に、福島方面から米沢～山形をつなぐ東北中央自動車道、あつみ温泉～鶴岡～酒田を結ぶ日本海東北自動車道の各高速道路が県内をネットワーク。いずれも冬期は積雪や凍結に注意し、滑り止めなどを忘れずに。

## 山形タウン・蔵王へ

※所要時間は目安です。km数はおよその数値です

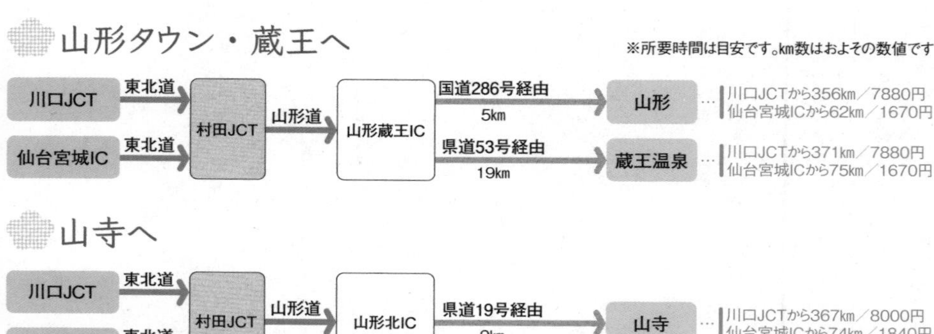


## 山寺へ



## 天童・銀山温泉へ

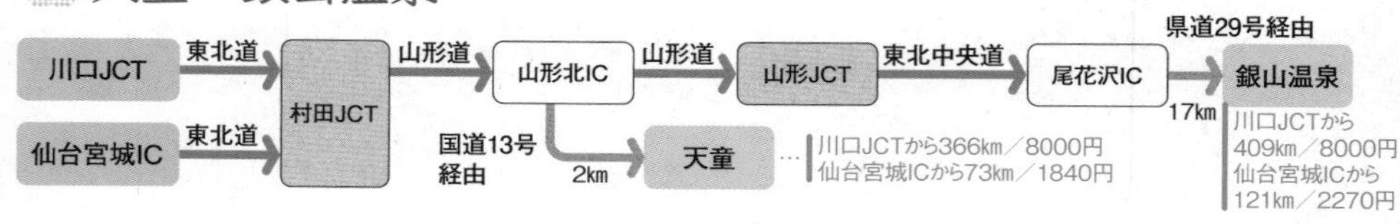


## 米沢・高畠へ

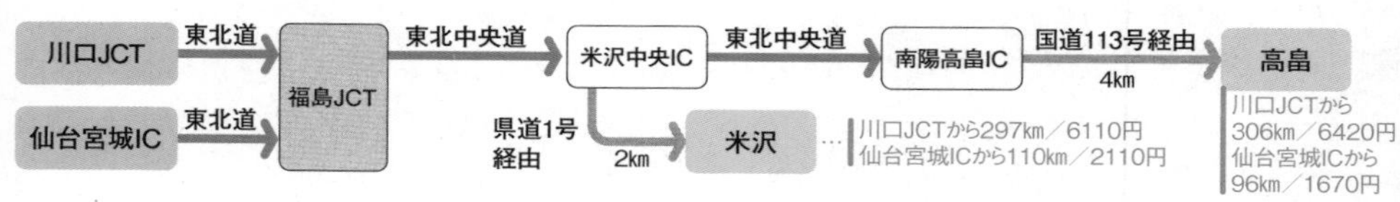


## 鶴岡・酒田へ

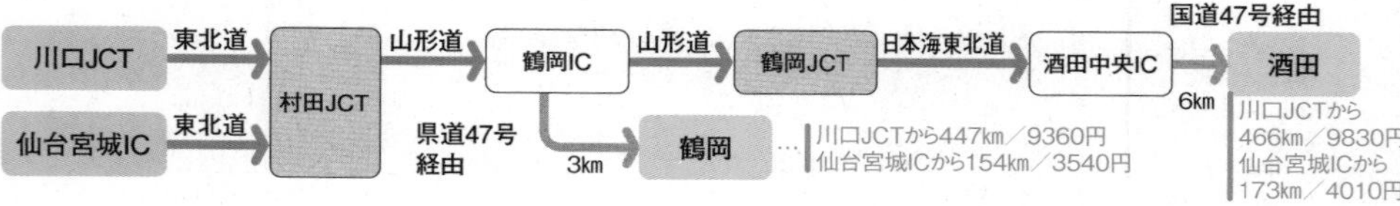

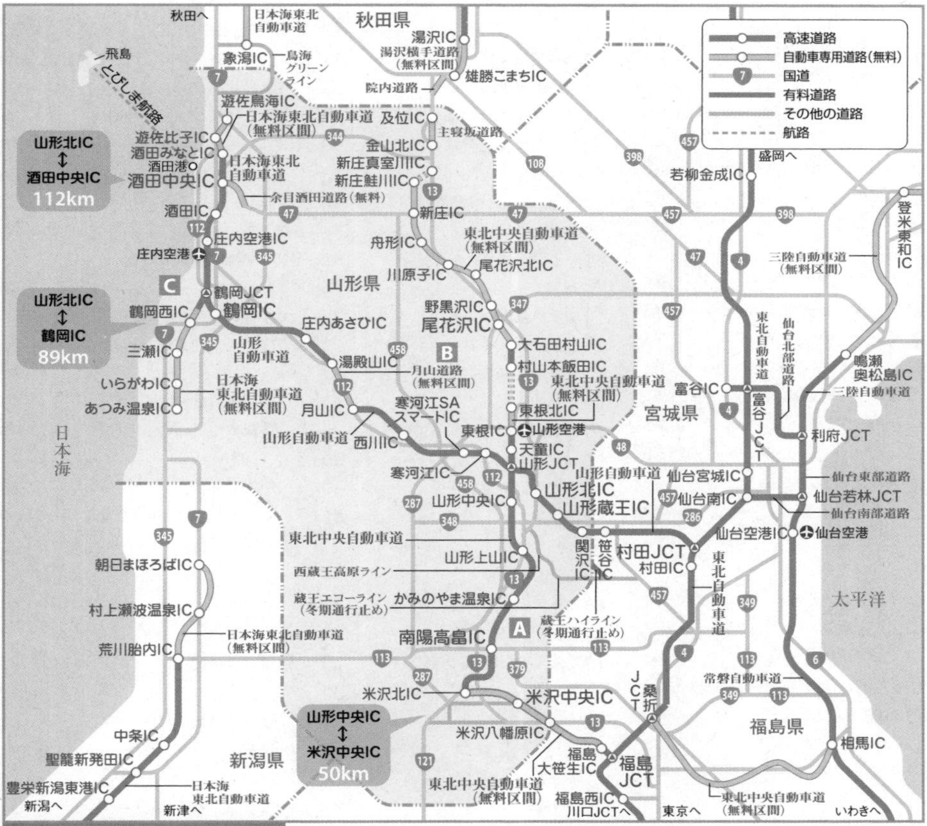

## 山形ドライブ略図

高速道路
自動車専用道路（無料）
国道
有料道路
その他の道路
航路

山形北IC ↕ 酒田中央IC 112km

山形北IC ↕ 鶴岡IC 89km

山形中央IC ↕ 米沢中央IC 50km

秋田へ
日本海東北自動車道
秋田県
湯沢IC
湯沢横手道路（無料区間）
雄勝こまちIC
院内道路
飛島
とびしま航路
象潟IC
鳥海グリーンライン
遊佐鳥海IC
日本海東北自動車道（無料区間）
及位IC
主寝坂道路
遊佐比子IC
酒田みなとIC
酒田港
日本海東北自動車道
金山北IC
新庄真室川IC
新庄鮭川IC
酒田中央IC
余目酒田道路（無料）
酒田IC
新庄IC
盛岡へ
若柳金成IC
登米東和IC
庄内空港IC
庄内空港
舟形IC
東北中央自動車道（無料区間）
尾花沢北IC
川原子IC
三陸自動車道（無料区間）
山形県
鶴岡JCT
鶴岡西IC
鶴岡IC
野黒沢IC
尾花沢IC
庄内あさひIC
東北自動車道
仙台北部道路
三瀬IC
山形自動車道
大石田村山IC
湯殿山IC
月山道路（無料区間）
村山本飯田IC
鳴瀬奥松島IC
いらがわIC
日本海東北自動車道（無料区間）
東北中央自動車道（無料区間）
富谷IC
三陸自動車道
あつみ温泉IC
月山IC
寒河江SAスマートIC
東根北IC
富谷JCT
宮城県
日本海
山形自動車道
西川IC
東根IC
山形空港
利府JCT
天童IC
山形JCT
寒河江IC
山形自動車道
仙台宮城IC
仙台東部道路
山形北IC
山形中央IC
山形蔵王IC
仙台南IC
仙台若林JCT
仙台南部道路
東北中央自動車道
仙台空港IC
仙台空港
関沢IC
笹谷IC
村田JCT
山形上山IC
村田IC
西蔵王高原ライン
朝日まほろばIC
東北自動車道
蔵王エコーライン（冬期通行止め）
かみのやま温泉IC
太平洋
村上瀬波温泉IC
蔵王ハイライン（冬期通行止め）
荒川胎内IC
日本海東北自動車道（無料区間）
南陽高畠IC
常磐自動車道
米沢北IC
米沢中央IC
桑折JCT
福島県
中条IC
米沢八幡原IC
相馬IC
聖籠新発田IC
新潟県
福島大笹生IC
福島JCT
豊栄新潟東港IC
日本海東北自動車道
東北中央自動車道（無料区間）
福島西IC
東北中央自動車道（無料区間）
新潟へ
新津へ
川口JCTへ
東京へ
いわきへ

### ドライブアドバイス

**A**

東京方面から山形市へ行く場合、高速道路で2つのルートがある。福島JCTから分かれる東北中央道は、距離が短く無料区間もあるが、片側1車線の道路。村田JCTから分岐する山形道は料金は高いが、幅が広く走りやすい。

**B**

山形市と鶴岡・酒田を結ぶ山形道だが、途中の月山ICと湯殿山ICの間は険しい道のため、まだ開通していない。この間は月山道路と呼ばれる自動車専用道を通る。ただ、雪など天候によっては通行止めになることもあるので注意しよう。

**C**

鶴岡や酒田と新潟・秋田を結ぶ国道7号は「おばこ・おけさライン」とよばれる海岸沿いのコース。それに沿うように日本海東北道の整備が進みつつある。あつみ温泉IC～鶴岡JCT～酒田IC～遊佐鳥海ICまでが開通している。

### ☎問合せ先

**道路交通情報**

●日本道路情報交通センター
ウェブサイト
https://www.jartic.or.jp

●東北地方高速情報
☎050-3369-6761

●山形情報
☎050-3369-6606

**レンタカー（予約センター）**

●トヨタレンタカー
☎0800-7000-111

●ニッポンレンタカー
☎0800-500-0919

●日産レンタカー
☎0120-00-4123

●オリックスレンタカー
☎0120-30-5543

# INDEX さくいん

宿泊施設 温泉・立ち寄り湯

# 山形 蔵王 米沢 鶴岡 酒田

東北③

2024年6月15日初版印刷
2024年7月1日初版発行

編集人：米谷奈津子
発行人：盛崎宏行
発行所：JTBパブリッシング
〒135-8165
東京都江東区豊洲5-6-36 豊洲プライムスクエア11階

編集・制作：情報メディア編集部
編集デスク：大澤由美子
取材・編集：編集室ムーブ（加藤亜佳峰／小室茉穂／角田夏希）／菊地裕子／西村海香／外谷千佐子

アートディレクション：APRIL FOOL Inc.
表紙デザイン：APRIL FOOL Inc.
本文デザイン：APRIL FOOL Inc.
snow（萩野谷秀幸）
イラスト：平澤まりこ
撮影・写真：桂嶋啓子／持田昭俊／山形県花笠協議会／関係各市町村観光課・観光協会・施設／PIXTA
地図：ゼンリン／ジェイ・マップ
組版・印刷所：TOPPAN

編集内容や、商品の乱丁・落丁の
お問合せはこちら

JTB パブリッシング お問合せ 

https://jtbpublishing.co.jp/contact/service/

本書に掲載した地図は以下を使用しています。
測量法に基づく国土地理院長承認（使用）R 5JHs 167-225号
測量法に基づく国土地理院長承認（使用）R 5JHs 168-099号

●本書掲載のデータは2024年4月末日現在のものです。発行後に、料金、営業時間、定休日、メニュー等の営業内容が変更になることや、臨時休業等で利用できない場合があります。また、各種データを含めた掲載内容の正確性には万全を期しておりますが、お出かけの際には電話等で事前に確認・予約されることをお勧めいたします。なお、本書に掲載された内容による損害賠償等は、弊社では保障いたしかねますので、予めご了承くださいますようお願いいたします。●本書掲載の商品は一例です。売り切れや変更の場合もありますので、ご了承ください。●本書掲載の料金は消費税込みの料金ですが、変更されることがありますので、ご利用の際はご注意ください。入園料などで特記のないものは大人料金です。●定休日は、年末年始・お盆休み・ゴールデンウィークを省略しています。●本書掲載の利用時間は、特記以外原則として開店（館）～閉店（館）です。オーダーストップや入店（館）時間は通常閉店（館）時刻の30分～1時間前ですのでご注意ください。●本書掲載の交通表記における所要時間はあくまでも目安ですのでご注意ください。●本書掲載の宿泊料金は、原則としてシングル・ツインは1室あたりの室料です。1泊2食、1泊朝食、素泊に関しては、1室2名で宿泊した場合の1名料金です。料金は消費税、サービス料込みで掲載しています。季節や人数によって変動しますので、お気をつけください。●本誌掲載の温泉の泉質・効能等は、各施設からの回答をもとに原稿を作成しています。

本書の取材・執筆にあたり、
ご協力いただきました関係各位に厚くお礼申し上げます。

おでかけ情報満載 https://rurubu.jp/andmore/

243203 280450
ISBN978-4-533-16054-7 C2026
©JTB Publishing 2024
無断転載禁止 Printed in Japan
2407